Barbara Heitger/Christof Schmitz/
Betty Zucker (Hrsg.)

Agil macht stabil

Edition GABLERS MAGAZIN

EDITION GABLERS MAGAZIN

Barbara Heitger/Christof Schmitz/
Betty Zucker (Hrsg.)

Agil macht stabil

Die Zukunft der
internen Dienstleister

GABLER

MANAGEMENT

Die Deutsche Bibliothek – CIP-Einheitsaufnahme

Agil macht stabil : die Zukunft der internen Dienstleister / Barbara
Heitger ; Christof Schmitz ; Betty Zucker (Hrsg.) .
– Wiesbaden : Gabler, 1994
 (Edition Gabler's Magazin) (Gabler Management)

NE: Heitger, Barbara [Hrsg.]

ISBN 978-3-409-18777-0   ISBN 978-3-322-92995-2 (eBook)
DOI 10.1007/978-3-322-92995-2

Der Gabler Verlag ist ein Unternehmen
der Fachinformation Bertelsmann.
© Springer Fachmedien Wiesbaden 1994
**Originally published by Betriebswirtschaftlicher Verlag Dr. Th. Gabler GmbH,
Wiesbaden 1994**
Chefredaktion: Dr. Andreas Lukas

Das Werk einschließlich aller seiner Teile ist urheberrechtlich geschützt. Jede Verwertung außerhalb der engen Grenzen des Urheberrechts ist ohne Zustimmung des Verlags unzulässig und strafbar. Das gilt insbesondere für Vervielfältigungen, Übersetzungen, Mikroverfilmungen und die Einspeicherung und Verarbeitung in elektronischen Systemen.

Höchste inhaltliche und technische Qualität unserer Produkte ist unser Ziel. Bei der Produktion und Verbreitung unserer Bücher wollen wir die Umwelt schonen: Dieses Buch ist auf säurefreiem und chlorfrei gebleichtem Papier gedruckt. Die Einschweißfolie besteht aus Polyäthylen und damit aus organischen Grundstoffen, die weder bei der Herstellung noch bei der Verbrennung Schadstoffe freisetzen.

Die Wiedergabe von Gebrauchsnamen, Handelsnamen, Warenbezeichnungen usw. in diesem Werk berechtigt auch ohne besondere Kennzeichnung nicht zu der Annahme, daß solche Namen im Sinne der Warenzeichen- und Markenschutz-Gesetzgebung als frei zu betrachten wären und daher von jedermann benutzt werden dürften.

Vorwort

An vielen Orten wird mit neuen Formen der Organisation, neuen Selbstverständnissen und Rollen für die verschiedensten Funktionen interner Dienstleister experimentiert.

Mit dem vorliegenden Buch wollen wir in erster Linie dem Praktiker Perspektiven und Impulse für die Weiterentwicklung der internen Dienstleister anbieten. Anhand konkreter Beispiele und allgemeiner Überlegungen werden Möglichkeiten der Neuformierung aufgezeigt. Wir bieten keine fertigen oder „Instant"-Lösungen an. Diese gibt es nicht (mehr?). Wohl auch deswegen wird die Agilität dieser Funktionen in nächster Zeit intensiver werden.

Interne Dienstleister: um wen geht's? Die Aufmerksamkeit gilt jenen, die seit Jahren oftmals unsichtbare Leistungen als „Macher im Hintergrund" erbracht haben. Es geht um jene Experten, die zu Spezialfragen informieren, fachliche Unterstützung geben (z.B. Informatik, Personal, Marketing-Services, Recht), für strategische Vorarbeit sorgen (z.B. Unternehmensplanung) oder spezifische Dienstleistungen operativ erledigen (Logistik, Lohnabrechnung usw.). Sie entwickeln und sichern Know-how im Unternehmen, übernehmen Verantwortung und sorgen für den Support, die Absicherung und die Kontrolle der Unternehmensprozesse.

Von der Linie werden die Internen Dienstleister oft als Wasserköpfe, Polizisten oder Besserwisser betrachtet. Der Altmeister des amerikanischen Managements P. Drucker meinte kürzlich sogar kurz und bündig: Stabsarbeit korrumpiert. Das klingt hart. Muß das so sein?

Unsere Meinung: nein. Gerade jetzt ist das Klima für einen Wandel günstig. Die Unternehmen formieren sich teilweise grundlegend neu und schlachten manche heilige Kuh. Die Chancen sind da, diesen Prozeß mitzugestalten und für die eigene Neupositionierung zu nutzen. Ausgetretene Pfade können verlassen werden.

Näher ans Geschäft
Zwei wesentliche Trends des organisatorischen Wandels interner Dienstleistungen lassen sich feststellen. Einerseits die Reintegration der internen Dienstleistungen in die Linie. Dieses Konzept ist wesentliches Element „virtueller Stabsarbeit" bei CompuNet und wird in diesem Buch beschrieben. Daneben berichtet Ciba Geigy von erfolgreichen Ergebnissen der Auflösung zentraler Dienstleistungsbereiche in die dezentralen Geschäftsbereiche.

„Das Geschäft in die eigene Hand nehmen"
Der zweite Trend ist der Wandel des Selbstverständnisses interner Dienstleister hin zum eigenständigen unternehmerischen Agieren. Dienstleistungsbereiche positionieren und formieren sich neu. Fragen der Organisation, des Marketing und der Strategie stellen sich ihnen. Sie müssen sich immer mehr dem Wettbewerb aussetzen und dazu gehört auch der Vergleich mit externen Konkurrenten hinsichtlich Qualität und Kosten.

Die Zeit des „Stäblers", der sich ungestört seinen Expertisen widmen konnte, ist jedenfalls vorbei. Es heißt heute: selbst proaktiv Strategien entwickeln, attraktive Leistungen offerieren und neue Verträge und Arbeitsbeziehungen mit den internen Kunden aushandeln. Ein Prozeß, der anforderungsreich ist. Schließlich muß man nicht nur sich selbst, sondern auch die bisher selbstverständlichen Kunden gewinnen und überzeugen. Darauf zu warten, bis man wie bislang mit Aufgaben versorgt wird, endet heute möglicherweise in der „Entsorgung". Es erweist sich vielfach als aufwendiger Prozeß, die alten, oft verwaltungs- oder kontrollbetonten Beziehungen, neu zu definieren. Solche Veränderungsprozesse in der Praxis werden in mehreren Beiträgen dieses Buches thematisiert.

„Sich selbst neu erfinden"
Wenn Sie sich als interner Dienstleister auf der grünen Wiese neu gestalten könnten: Was würden Sie anbieten? Wer wären Ihre

Kunden? Wer nicht (mehr)? Welchen Nutzen hätten die Kunden ihrer Kunden (Kunden des Unternehmens)? Was wären Ihre Erfolgskriterien?

Diese Neuerfindung und die damit verbundene Neuformierung bringen die Unterschiede, die internen Dienstleistern für ihre „Attraktion" hilfreich sind. Gleichzeitig gilt es für Sie, „anschlußgenau" die Bedürfnisse und Sehnsüchte der Kunden wahrzunehmen und zu befriedigen. Das ist ein Erfolgsfaktor ersten Ranges.

Im ersten Teil dieses Buches werden die unserer Erfahrung nach wichtigsten Aspekte einer Neuformierung behandelt: Strategieentwicklung – Marketing – Organisation. Interne Dienstleister und Stäbe sind nicht einfach „abschaffbar" – auch nicht aus Kostengründen. Sie bilden vielfach Sensoren für Veränderungen im Verhältnis von Unternehmen und Markt und erfüllen hier wichtige Funktionen für das Unternehmen als Ganzes. Im Wandel ist immer wieder ihre Identität und die Form ihrer Organisierung.

Im zweiten Teil werden ausgewählte Spezialfunktionen wie EDV, Personal und Strategie in ihrem praktischen Wandel skizziert.

Für diejenigen, die noch weiter im Thema „surfen" wollen, bietet Kenneth Gergen abschließend eine möglicherweise hilfreiche Metapher für turbulente Zeiten. Weitere konzeptionelle Überlegungen für sich neu ergebende Perspektiven finden sich in den Beiträgen zum Schluß. Auch wir werden uns in Zukunft intensiv mit diesen Fragen beschäftigen. Die Zeiten für Neuerfindungen sind günstig und wir wollen dabei weiter konstruktiv irritieren. Die zwei Tagungen, die diesem Buch vorausgingen, waren nur der Anfang.

Wien und Zürich, Sommer 1994
Barbara Heitger,
Christof Schmitz,
Betty Zucker

Inhalt

Vorwort 5

Tohuwabohu für für interne Dienstleister?
Barbara Heitger/Christof Schmitz/Betty Zucker 15

Ach wie gut, daß niemand weiß 15
Was heißt wertschöpfend? 17
Die Situation der Internen 18
Weniger Schließen, mehr Öffnen:
Neue Aufgaben für interne Dienstleister 21
   *Die Reintegration von Aufgaben in die Linie
und die Dezentralisierung* 23
   *Die Markt- und Nutzenorientierung
als interner Dienstleister* 24
Trends und Konsequenzen –
eine Zwischenbilanz 25
   Gerufen statt berufen 25
   *Prozeß- und Ergebnisorientierung
statt Spezialisten-Autismus* 25
   Agil macht stabil 26
   *Markt- statt Planwirtschaft:
Wahlmöglichkeiten schaffen* 28
   Wissensmanagement statt Besserwissen 29
Zur Zukunft interner Dienstleister 31

Erfolgs-Strategien für interne Dienstleister
Barbara Heitger 35

Wie aus Stäben und Zentralbereichen
interne Dienstleister werden 38
Unternehmensentwicklung –
wohin die Reise geht.. 41
In welchen Märkten operieren interne Dienstleister –
Orientierungslandkarten zur
strategischen Positionierung................................ 46
Die wichtigsten Aussagen des Modells............... 49
Der Streit um den Nutzen und Erfolgsbeitrag
interner Dienstleister –
der relationale Leistungsbogen............................. 57
Qualität ist nicht gleich Qualität –
Kundenorientierung interner Dienstleistungen..... 61
Gestaltungsstrategien für
innovative interne Dienstleister 63

Organisation zentraler Aufgaben in einem vertikal strukturierten Unternehmen
Werner von Wartburg... 67

Zielsetzungen und neue Konzernorganisation 68
Dienstleister.. 71
Dienstleistungen in den Divisionen................. 73
Zentrale Dienstleistungsbereiche..................... 75
Konzernbereiche 80
Stäbe 81
Heutiger Stand und Schlußfolgerungen................ 82

Orientierung der Informatik an vitalen Geschäftsinteressen
Wolfgang Mathera 83

Definition Geschäftsprozeß 85
Input-Prozeß-Output-Beziehungen 87
Anforderungen an Geschäftsprozesse 88
Unternehmensziele und Strategien 89
Analyse der Unternehmensprozesse 94
Gewichtung von Geschäftsprozessen 98
Informatik-Bedarfsermittlung basierend
auf Geschäftsprozessen 100
Zusammenfassung 104

Wer nicht mit der Zeit geht, geht mit der Zeit
Hans Fink 107

Ausgangssituation und Ziele 108
Die vier Phasen der Erneuerung 1990 bis 1994 108
Phase 1: Initialzündung und Formulierung übergreifender Leitlinien 108
Phase 2: Beginn des dezentralen Entwicklungsprozesses und erste Widerstände 110
Phase 3: Überwindung der Anfangsprobleme, gemeinsame Reflexion und die Entwicklung standortbezogener Visionen 111
Phase 4: Zusammenführung der Arbeitsergebnisse auf Bereichsebene und erste Zwischenbilanz 114
Resümee 116

Neue Arbeitszeitgestaltung als Beitrag zu Flexibilität und Wertschöpfung
Manfred Theunert 119

Grundgedanken des Regensburger Modells 120
Die drei Bausteine des Arbeitszeitmodells 120
Das 99-Stunden-Modell 121
Das 90-Stunden-Modell 124
Die Gleitzeitregelung 125
Erweiterung des Gleitzeitmodells ab 01.04.1993 129
Die Rolle des Personalwesens im Prozeß 131
Vorbereitungsphase 131
Verhandlungsphase 131
Einführungsphase 131
Veränderungsphase 132
Voraussetzungen für die erfolgreiche Einführung von Arbeitszeitmodellen 133

Unternehmensgrenzen öffnen – Perspektiven für ein neues Stabs- und Linienverständnis
François U. Escher 135

Unterschiedliche Stabs- und Linien-Betrachtungsweisen 136
Frühe Ansätze 138
Unterschiedliche Betrachtungsweisen: deskriptiv, reflexiv, evolutiv 140
Deskriptives Stab-Linien-Verständnis 141
Reflexives Stab-Linien-Verständnis 142
Evolutives Stab-Linien-Verständnis 143

Sich durch neue Sichtweisen
Unternehmensgrenzen öffnen... 144
Neue Aufgaben...? 145
Stab-Linien/Linien-Stäbe übermorgen 150

Stabsarbeit ohne Stäbe – Interne Dienstleistungen in einer Netzwerkorganisation
Hardy Schmitz 153

Interne Aus- und Weiterbildung bei CompuNet 155
Die Corporate Design-Funktion 157
Controllingsystem der CompuNet Gruppe 158
Qualitätsmanagement 159
Stabsarbeit ohne Stäbe? 160

Interne Dienstleister neu organisieren
Christof Schmitz 161

Alles anders heute? 161
Wie weit kann man gehen? 164
Die Prozeßperspektive 166
IDL und Geschäftsprozesse 168
Die Zukunft in die Hand nehmen 170
Marktforschung und Kundenbeziehungen 171
Die eigenen Stärken kennen 171
Wohin bewegt sich das Unternehmen? 172
Was brauchen wir? 173
Wohin wollen wir? 173

Interne Dienstleister werden gesellschaftsfähig
Petra Stetter, Hildegund Zimmermann-Seitz 175

Wie arbeiten Stabsorganisationen? 175
Die Rezession, Katalysator für die
Wandlung der „Stäbler" 178
Interne Dienstleister werden gesellschaftsfähig 179
Organisationsentwurf für den internen Dienstleister
Human Resources & Organization 180
Wie kommt man zu diesem neuen Modell? 180
Das Human Resources & Organization Modell 183
*Wertschöpfungskette im Bereich
Human Resources & Organization* 184
Human Resources & Organization Interaktionsmodell 187
Human Resources & Organization Funktionsmodelle 187
*Die Rolle des Human Resource Manager
= HR&O-Accountmanager* 187
Die Rolle des Service Center Managers 189
Die Rolle des Discipline Managers 189
Human Resources & Organization
Funding Modell 191
Vor- und Nachteile des Modells 192

Die strategische Unternehmensplanung – ein Neuanfang, aber wie?
Betty Zucker 195

Das Ende des „Heimatschutzes"
für interne Dienstleister 195
Planung im Abseits 196

Wenn Zahlenakrobatik mit strategischem
Denken verwechselt wird 197
Lernprozesse institutionalisieren 200
Vom Entwerfer zum Verwerfer,
vom Unternehmensplaner zum Strategiecoach 201
Irritation als Plan 205
Was nutzen die Veränderungen? 206
Das Geschäft in die eigene Hand nehmen 208

Autoren und Herausgeber 211

Tohuwabohu für interne Dienstleister?

Barbara Heitger/Christof Schmitz/Betty Zucker

Ganz im Trend mit den allgemeinen „Schlankheitskuren" werden interne Dienstleister auf ihre Beiträge zur Wertschöpfung und zur Wettbewerbsfähigkeit hin befragt. Reichen die Antworten nicht aus, sind Abbau oder Outsourcing nahe. Dabei liegen im *Organisieren und „Neuerfinden" der internen Dienstleistungen* wichtige Beiträge zur Erfolgsfähigkeit des Unternehmens. Allerdings müssen dazu ausgetretene Pfade verlassen werden. „Querhandeln" ist gefragt, auch wenn das riskant sein mag. Der Beitrag zur Erfolgsfähigkeit verlangt jedenfalls proaktive interne Dienstleister und wird im Zusammenspiel zwischen ihnen und ihren internen Kunden entwickelt und entschieden.

Ach wie gut, daß niemand weiß ...

...was mit internen Dienstleistungen eigentlich genau gemeint ist? Welche gehören dazu, welche nicht, welchen Nutzen stiften sie, woran werden ihre Leistungen gemessen? etc. Die Vielfalt der Interpretationen und der vorgeschlagenen Abgrenzungskriterien ist groß und ihrerseits Ausdruck der derzeitigen Umbruchsituation – des Tohuwabohus.

Interne Dienstleistungen unterstützen den direkten Wertschöpfungsprozeß. Sie sind mit bezug auf die Kunden des Unternehmens indirekt wertschöpfend. Michael Porter spricht in seinem Konzept der Wertschöpfungskette von den „supporting functions". Interne Dienstleistungen haben das Entwickeln, Pflegen und Sichern jener Potentiale und Ressourcen zum Ziel, die zur Erstellung der jeweils spezifischen Unternehmensleistung notwendig sind. Sie sorgen für effiziente und entwicklungsfähige Infrastrukturen und Unternehmensprozesse. Ihre Kunden sind die Linienfunktionen, ihr Beitrag ist ein unterstützender.

Wer ist interner Dienstleister? Traditionelle Stabsfunktionen wie Finanz- und Personalmanagement, Organisation, Planung, Controlling, aber auch EDV und Informationsmanagement, Unternehmensentwicklung, Recht, Marketing-Services usw. Auch Funktionen wie Instandhaltung, Qualitätssicherung und adminstrativ-operative, oft zentral organisierte Bereiche, die für das Unternehmen selbst arbeiten, sind den internen Dienstleistern zuzuzählen. Organisatorisch drückt sich die Unterscheidung von direkten und indirekten Leistungen zumeist im Stab-Linienkonzept aus. Differenzierte Funktionsbereiche sorgen für technischen und administrativen Support, der der Absicherung und der Kontrolle der Unternehmensprozesse dient. Die „Stäbler" fungieren als Wissensträger des Unternehmens, werden aber oft auch als „Polizisten" der Hierarchie eingesetzt und erlebt.

Das Konzept der Wertschöpfungskette und die Differenzierung der Unternehmensaktivitäten in direkte und indirekte ist hilfreich und entspricht weitgehend den in den Unternehmen vorfindlichen „Landkarten" und Erfahrungen. Gewährt es doch einen ganzheitlichen Überblick über die Aktivitäten des Unternehmens. Auf der anderen Seite sind allerdings Einschränkungen der Nützlichkeit dieses Konzepts zu vermerken.

Da ist einmal die suggerierte Linearität der Unternehmensprozesse, die durch die Wertkette ausgedrückt wird. In der Realität verlaufen die Prozesse wesentlich vernetzter. Simultanous Engineering mag als Beispiel zitiert sein. Funktionen sind dabei nicht hintereinandergeschaltet, sondern parallel am selben Thema „dran". Entwicklung, Design, Fertigung, Marketing und Vertrieb arbeiten gleichzeitig und miteinander vernetzt. Eine Vernetzung, die regelmäßig in der Unübersichtlichkeit der Vielzahl der Unternehmensaktivitäten verloren zu gehen scheint. Die „Problematik" von Prozessen in diesem Zusammenhang liegt auch darin, daß sie ihre Gestalt aus dem zeitlichen Hintereinander von Ereignissen gewinnen. Wie der Komplexitätsforscher D. Dörner rund um seine „Logik des Mißlingens" ausführte, ist der Mensch mit seiner kognitiven Ausstattung „ein Raum- und kein Zeitwesen". Es fällt uns relativ schwer, zeitlich dynamische Zusammenhänge und Effekte zu beobachten und in Entscheidungen einzubeziehen. Einfacher formuliert: Prozesse sind im Gegensatz zu Produkten und Resultaten nicht greifbar. Über Produkte läßt sich gut verhandeln, Strukturen lassen „klare Abgrenzungen" erkennen, Prozesse hingegen drohen zu verschwinden, je näher man hinschaut.

So betrachtet liegt die „Cleverness" des Wertkettenkonzeptes wohl darin, die zeitliche Ebene in eine quasi strukturelle Form gebracht zu haben. Und diese Struktur, die überdies der oftmals funktionalen Differenzierung der Unternehmen entspricht, erzeugt eine gute Anschlußfähigkeit, um eine Einbettung der jeweiligen Unternehmensaktivitäten überlegen zu können. Daß diese Struktur dennoch beschränkte Aussagekraft hat, zeigt nicht zuletzt die aufkommende Diskussion um unternehmerische Kernprozesse und deren Optimierungsmöglichkeiten (Hammer/Champy 1993, Schmitz 1993). Die Orientierung an den Geschäftsprozessen kann als neues Integrationsmoment und als Brückenschlag zwischen den hochspezialisierten und organisatorisch differenzierten Funktionen im Unternehmen wirken (vgl. den Beitrag von Ch. Schmitz). Das ist jedenfalls die Hoffnung.

Was heißt wertschöpfend?

Bei genauerer Betrachtung wird die Unterscheidung von wertschöpfender und nicht-wertschöpfender Arbeit immer schwieriger (wo sie doch durch die Unterscheidung von direkt und unterstützend vorgegeben zu sein scheint). Stalk/Hout schätzen beispielsweise, daß lediglich 5 Prozent der Zeit, die in Unternehmen aufgewandt wird, direkt wertschöpfend ist. Bringt es ein

Fertigungsunternehmen auf 10 Prozent, kann es sich „glücklich" schätzen. Sollten nunmehr die nicht-wertschöpfenden Tätigkeiten schlicht eliminiert werden? Wo käme man da hin? Um valide entscheiden zu können, welche Tätigkeiten erforderlich sind und welche nicht, benötigt es ein ausgezeichnetes Verständnis der Prozesse und ein Verständnis darüber, wofür Kunden bereit sind zu zahlen. „Welchen Nutzen wollen wir unseren Kunden anbieten?" Es gilt über den unmittelbaren Leistungsprozeß hinaus und das obere Management involvierend Entscheidungen über Added Value und Non-added Value zu treffen.

Das Ersetzen der Unterscheidung von primären und sekundären Prozessen um eine genauere Differenzierung von wertschöpfend/nicht-wertschöpfend, läßt auch die zweite Einschränkung erkennen, die das Wertkettenkonzept mit sich bringt. Diese besteht im möglichen unternehmensinternen Abwertungsspiel zwischen Linie und internen Dienstleistern. Was „primär" genannt wird, ist naheliegenderweise wichtiger, oder? Und es ist wichtiger, nicht weil es so heißt, sondern weil es eigentlich die für den Kunden relevante Leistung und „den Umsatz" erbringt. Wem das als zu platt erscheint, der erinnere sich an die vielen Diskussionen in Unternehmen zwischen den „primär" und „sekundär" Wert Erzeugenden: „Ihr seid zu teuer/Ihr bringt nichts/das können wir auch alleine...." Es zählt, was Geld bringt, und das ist das, was für den Kunden unmittelbar Wert produziert.

Die Situation der Internen

Es ist keineswegs selbstverständlich, daß sich die Organisationseinheiten der unterstützenden Prozesse als Dienstleister verstehen. Ein ausgeprägtes Dienstleistungsverständnis macht einen deutlichen Unterschied in der Qualität und der Art der Dienstleistung. Versteht sich eine Personalabteilung als Verwalter personalwirtschaftlicher Aufgaben, ist das etwas anderes, als wenn sie sich als Anbieter von Leistungen versteht, die für bestimmte Zielgruppen einen hohen Nutzen stiften. Ein solches

Verständnis beinhaltet eine andere Beziehung zu Kunden und Abnehmern. Die Beschäftigung mit den Bedürfnissen und Problemen der Nachfrager wird kundengerechter sein als im Verwaltungskonzept. Die Überlegung, was sinnvoll, effizient usw. ist, steht eher im Mittelpunkt als das Einhalten vorgegebener Richtlinien, die exekutiert werden (müssen).

Was macht den besonderen Charakter interner Dienstleistungen aus? Neben den allgemeinen Charakteristika von Dienstleistungen, wie der zumeist gegebenen Gleichzeitigkeit von Produktion und Konsum, der meist direkten Beteiligung des Kunden an der Herstellung und andere wollen wir folgende Besonderheiten hervorheben, die den internen Dienstleistern gemeinsam sind:

- Anbieter und Nachfrager gehören dem gleichen Unternehmen an; beide müssen mit den erzielten Ergebnissen weiterleben und werden sich immer wieder begegnen (dieser Kontext kann leicht zu einer Strategie der Konfliktvermeidung bzw. des „das Gesicht wahren wollen" führen);

- es finden meist keine direkten finanziellen Transaktionen zwischen Anbieter und Nachfrager statt;

- es gibt keinen oder wenig direkten Wettbewerb der Anbieter, der Nachfrager ist in seiner Wahlmöglichkeit oft eingeschränkt;

- aber auch der Anbieter sieht sich zumeist eingeengt; sein Markt ist beschränkt, er kann sich seine Kunden nicht aussuchen;

- die Dienstleistung wird in der Regel stark von den vorgesetzten Stellen, den Unternehmensrichtlinien oder ähnlichem beeinflußt;

- die Kundenbeziehung ist oft von weiteren Beziehungsstrukturen – insbesondere der Relation zwischen verschiedenen Managementebenen – überlagert („dramatische Dreiecke", politische Prozesse des Unternehmens und ähnliches).

Aus diesen knappen Ausführungen wird bereits ersichtlich, daß sich interne Dienstleister in überdeterminierten und komplexen Situationen bewegen. Die Konsequenz daraus ist, daß etliche Widersprüche zu balancieren sind. Die darin angelegten Konflikte können ausbrechen, wenn z.b. der „Schutzmantel" des Topmanagements über den Stäben „weggezogen wird". Sorgfältige Kommunikation und „sauberes" Beziehungsmanagement machen sich darum für interne Dienstleister doppelt bezahlt.

Die Komplexität der internen Situationen ließ und läßt internen Dienstleistern die verschiedensten Rollen und Erwartungen zukommen, die für ihre Einschätzung, Wertschätzung und Position wichtig sind. Welche Bilder z.b. über Stäbe kennen Sie? Hören Sie auch von Geheimnisträgern, Hofnarren, Polizisten, Wasserträgern, Professoren im Elfenbeinturm, Schön-Wetter-Piloten? (Vgl. Heitger/Schmitz/Zucker 1993)

Diese Bilder drücken in vielfältiger Weise Erwartungen aber auch Unzufriedenheit aus. Die Argumentation verläuft dabei meistens über die Kostenschiene. Was kann man daraus lernen? Erstens liegt nahe, daß die Kosten/Nutzen-Rechnungen aus der Sicht der jeweilig „Beglückten" nicht stimmt, also die Tauschbeziehung nicht befriedigend verläuft. Zweitens, daß ein zu eindimensionales Beurteilungsschema Anwendung findet. Drittens, daß die Vermittlungsfunktion der Stäbe zwischen den Managementebenen und der Monopolstatus interner Dienstleister den neuen Unternehmensrealitäten, die auf dezentrale Selbststeuerung setzen, nicht mehr entsprechen (vgl. den Beitrag von B. Heitger).

Aus Unternehmensperspektive gesehen jedoch, ist einzig relevant, welcher Nutzen für den Endkunden gestiftet wird und ob die internen Aktivitäten dazu bereichernd sind oder nicht. Eine Bildungsabteilung mag die besten Sprachkurse Europas anbieten, wenn das Unternehmen nur im deutschsprachigen Raum arbeitet, ist das kein Beitrag zur Erfolgsfähigkeit. Eine Unternehmensplanung mag exzellente Analysen über die Marktdynamik Nordamerikas anbieten, wenn diese Analysen nicht mit den Fragestellungen des Managements kompatibel ist, können sie nicht als werterzeugend gelten. Interne Anbieter sind aufgerufen, etwas zu offerieren, das einen Unterschied macht – und zwar aus Sicht des Kunden und im Vergleich mit externen Konkurrenten. Hier geht es um neue Dienstleistungen, um die Selektion der bisherigen Angebotspalette und um Marketing und Vertrieb dieser Leistungen. Welche Bildungsabteilung betreibt strategisches Marketing, welche Unternehmensplanung bemüht sich um um Beziehungsmanagement, welcher Informatikbereich überlegt sich ein Portfolio seiner Leistungen? Welche Leistungen sind in den letzten drei Jahren fallen gelassen worden? Was alles wird nicht mehr gemacht? Was alles noch nicht?

Diese Gedanken sind für viele interne Dienstleister neu, waren sie bisher doch vielfach Monopolisten, die in einem geschützten Markt operierten, in dem Finanz- und Leistungsvereinbarungen nicht oder nur eingeschränkt zur Diskussion standen. Das allerdings ändert sich zur Zeit rapide in vielen Unternehmen.

Weniger Schließen, mehr Öffnen: Neue Aufgaben für interne Dienstleister

Die Unterstützungsfunktion interner Dienstleister hat bislang vor allem ihre Organisations- und Kontrollbeiträge betonen lassen. Unter den heutigen Wettbewerbsbedingungen treten aber immer mehr Innovation und Wissen in den Vordergrund. Damit sind zwei zentrale Dimensionen jedes Unternehmens angesprochen: einerseits die Sicherung von Kontinuität und Stabilität, indem auf den Beitrag zur Beibehaltung der organisatorischen Formen und Regeln geschaut wird – wir bezeichnen diesen Aspekt kurz mit Schließen (Auswahl und Beschränkung der vielfachen Handlungsmöglichkeiten zugunsten der Berechen- und Erwartbarkeit). Und andererseits die Sicherung von Neuerung durch Innovation und Wissenserwerb. Diesen Aspekt bezeichnen wir mit Öffnen. Erfolgsfähigkeit erfordert das gleichzeitige Investieren in beide Aspekte. Kein Unternehmen, das ausschließlich auf den einen setzt, wird mittelfristig eine Überlebenschance haben.

> **Einige Fragen für die Unternehmensleitung und das Linienmanagement**
>
> Wenn Sie an die Entwicklung Ihres Unternehmens denken: Was können aus Ihrer Sicht die internen Dienstleister zum Geschäftsergebnis und zu den Geschäftsprozessen am besten beitragen?
>
> Woran werden Sie in Zukunft erkennen, daß die internen Dienstleister erfolgreich arbeiten? (kosten-, innovations-, finanzbezogen)
>
> Ein Gedankenexperiment: Nehmen Sie an, Sie könnten Ihr Unternehmen „auf der grünen Wiese" neu zusammenstellen – Welche internen Dienstleister wären (wieder) dabei? In welcher Funktion und mit welchen Aufgaben?
>
> Welche Chancen und welche Risiken ergäben sich, wenn Sie die jeweiligen internen Dienstleistungen
> - in die Linie (re)integrieren
> - dezentralisieren
> - über Projekte oder multifunktionale Teams abwickeln
> - auslagern
> - zentral organisieren
> - gänzlich streichen würden?

Weniger schnell erkennbar ist die Art und Weise der Organisierung dieser beiden Dimensionen und welcher Zusammenhang mit internen Dienstleistern besteht. Nun, interne Dienstleister waren wohl immer auch für Neuerungen (Öffnen) zuständig – etwa die EDV-Abteilung für den Aufbau einer neuen DV-Infrastruktur – hatten aber auch und insbesondere Kontrollaufgaben (Schliessen) zu verrichten. Wir erwähnten bereits, daß es in den Unternehmen viele Bilder über interne Dienstleister gibt, die von den „Stäblern" als den Polizisten der Hierarchie handeln etc. Einige Beispiele: eine Personalabteilung „überwacht das Betriebsklima" (Auszug aus einer Selbstbeschreibung); Bildungsabteilungen machen Kommunikationstrainings dort, wo es der Vorstand wünscht, weil es da Konflikte gibt; die Qualitätssicherung ist per definitionem für Kontrolle zuständig usw.

Die Kritik an den „Stäblern", an ihrer Ineffizienz, Ignoranz, Praxisferne oder ähnliches setzt meist an diesem Punkt an. Zu oft wurde wohl die Erfahrung gemacht, daß die Kumulierung von Fach- und Insiderwissen auch als Macht eingesetzt wird, daß die Entscheidungs- und Entwicklungsprozesse der Stäbe zu lange dauern und daß sich die Aufteilung zwischen internen Dienstleistern und Linie in Wissende einerseits und scheinbar Unwissende andererseits bzw. in Theoretiker und Praktiker überlebt hat. Einige Unternehmen sind denn auch schon tatkräftig daran gegangen, Stäbe abzubauen oder sie ganz aufzuheben. Die „Abmagerungen", die ABB ihren diversen Zentralen angedeihen ließ, kann als eines der bekanntesten Beispiele gelten. Herr Barnevik führt als Vorstandsvorsitzender vor, daß sich die durchschnittliche Unternehmenszentrale mit 10 Prozent ihrer bisherigen Mitarbeiterzahl effizienter führen läßt als vorher.

Aber auch andere Unternehmen, die weniger für ihre diesbezüglichen Reorganisationen bekannt sind, kommen zu ähnlichen Zahlen. Beispielsweise hat Ciba Geigy den Konzernstab auf ein vergleichbares Maß reduziert (abgesehen von der Beibehaltung der zentralen Forschung).

Zweierlei aktuelle Entwicklungen kommen dem bisherigen Selbstverständnis interner Dienstleistungen in die Quere:

Die Reintegration von Aufgaben in die Linie und die Dezentralisierung

Wie es Percy Barnevik formuliert: „You have to kill all this supervisory staff to get people productive". Sie werden in die Linie und in den direkten Herstellungsprozeß (re)integriert: Qualitätssicherung wandert direkt zum Ausführenden, Personalmanagement wird direkt vom Vorgesetzten praktiziert und verantwortet, und die Notwendigkeit organisatorisch ausgewiesener Kontrollinstanzen („institutionelles schlechtes Gewissen") verschwindet mehr und mehr. Competence Centers oder Centers of Expertise sorgen für die Entwicklung des notwendigen Spezialistenwissens.

Die Markt- und Nutzenorientierung als interner Dienstleister

Sie bringt die Dienstleistungsangebote mit den Wertschöpfungsprozessen in Abstimmung. Die Folge ist, daß operative interne Dienstleistungen effizienter organisiert werden als bisher und sich das Schwergewicht auf strategische und Know-how-bezogene Aufgaben verlagert, die den Linienfunktionen effiziente und flexible, das heißt dezentrale Selbststeuerung ermöglichen.

Die Personalentwicklung bewegt sich Richtung Wissensmanagement, EDV konzentriert sich auf Informationsarchitektur, die Unternehmensplanung kümmert sich um neue Themen, wie strategische Allianzen oder Technologie-Assessment bzw. richtet Strukturen und Prozesse für flexible Szenarien- und Strategieentwicklung ein.

Zusammenfassend kann man formulieren, interne Dienstleister bewegen sich weg von einer einseitigen Kontroll- und Ordnungsorientierung (Schließen, Eingrenzen) hin zu Angeboten der strategischen Unterstützung und der Know-how-Entwicklung (Öffnen, Optionen erweitern). Das heißt, sie bekommen neue Aufgaben, die wesentlich mehr mit Veränderung und Neuerung zu tun haben, als früher (darum ist es weniger denn je angebracht, diejenigen, „die ihr Pulver" verschossen haben, in die Stabsbereiche abzuschieben). Das bedeutet einen dramatischen Fokuswechsel, der manch einem internen Dienstleister mehr Öffnung abverlangt als ihm lieb sein mag.

Doch alles spricht dafür, diesen Fokuswechsel eher früher als später vorzunehmen. Selbstgewählte Veränderungsprozesse sind den oktroyierten vorzuziehen, da sie mehr Gestaltungsspielräume bieten. Aber vielfach scheint die Scheu vor den möglichen Konsequenzen einer solchen Umorientierung noch zu überwiegen. Welche Konsequenzen können das sein?

Trends und Konsequenzen – eine Zwischenbilanz

Welche Umorientierungen für interne Dienstleister sind angesagt?

Gerufen statt berufen

Interne Dienstleistungsarbeit wird markt- und kundenorientierter. Die Beziehungen zwischen Dienstleister und Kunden werden auf der Basis eines Vertragsmodells zwischen zwei entscheidungsbefugten Geschäftspartnern neu ausgehandelt statt wie bisher zentral gesteuert zu werden.

Der Fokus der Optimierung richtet sich heute auf die übergreifenden Geschäftsprozesse. Das Prozeßverständnis relativiert die Ausrichtung auf das bisherige Professionalitätsverständnis gerade auch bei den indirekt Tätigen, das sich im Zweifelsfall stärker auf die Berufsidentität und die professionellen Standards bezieht als auf die betrieblichen Prozesse und deren Standards. Beispielhaft kann man Techniker erwähnen, deren Präferenz höchster technologischer Standard ungeachtet der bereits tiefer liegenden Qualitätsanforderungen der Kunden bleibt (ein Ingenieur ist ein Ingenieur ist ein Ingenieur ...). In diesem Sinne kann man von internen Dienstleistern als den „Berufenen" sprechen, die ihr Auserwähltsein ihrem professionellen Vermögen und dessen „Wahrheit" verdanken. Sie sind die Experten, die anderen sind die Laien. Solche Identität tendiert zur „reinen Lehre" mit der entsprechenden Ideologieanfälligkeit, dem entsprechenden „Besserwissertum" – und begrenztem Beliebtheitsgrad.

Prozeß- und Ergebnisorientierung statt Spezialisten-Autismus

Viel beschworen, vielfach beibehalten: eine Untersuchung über schweizerische Maschinenbauunternehmen – die Schweizer Ingenieure stehen den Deutschen und Österreichischen um nichts nach – zeigte einmal mehr, wie beträchtlich die Kluft zwischen der Qualitätseinschätzung der Kunden und der Techniker sein kann und wie sehr man in den Unternehmen dennoch überzeugt war, die Kundenerwartungen richtig einzuschätzen (Shegezzi 1992). Der Preis dieser Kluft liegt in der sinkenden Wettbewerbsfähigkeit der Unternehmen.

R. Pascale (1991) beschreibt in einem ähnlichen Zusammenhang eindrücklich die Entwicklung von GM vom „Größten zum größten Krisenfall". Er schildert wie die Finanzabteilung in der Zentrale von GM die Oberhand über die Geschicke des Konzerns gewann und in ihrer Distanz zum eigentlichen Geschäft einen Kurs steuerte, der zu den bekannten, schwierigen Ergebnissen führte. Die Herrschaft der Finanzer führte zu einer Blockierung der Lernfähigkeit des Konzerns. Und kollektives Lernen, das ist der Punkt, um den es heute geht.

An die Stelle der „reinen" Professionalität wird heute vielfach die Kategorie „unternehmerisch" gesetzt. Ein anschauliches Beispiel bietet die Rückverlagerung von Personalführungsaufgaben aus den Personalbereichen in die Linie oder Client Server-Konzepte im Informationsmanagement. Wie wollte man auch eine unternehmerische Führungskraft haben, wenn ihr bei jeder zweiten Frage die Personalabteilung „reinquatscht" oder Linienmanager jede mißliebige Personalfrage leichter Hand an die Personalabteilung abschieben können. Natürlich erlöschen nach einer solchen Reintegration mangels Möglichkeiten manch „gute Absichten" von Personalmanagern, z.B. die Personalpolitik und -führung kontrollieren zu können. Aber wem hat diese Kontrolle bislang gedient? Und wer hat daraus Gewinn bezogen?

Agil macht stabil

Manche interne Dienstleister tendieren gemäß ihrer Aufgabe dazu, Planbarkeit anzunehmen, was angesichts wachsender Marktturbulenzen und -dynamiken problematische Konsequenzen haben kann – Plantreue geht dann z.B. vor das chancenreiche

Aufgreifen neuer Marktentwicklungen (das Gegenteil zu Planbarkeit wäre hier: Mitschwingen mit den „Störungen" der Umwelt). Das heißt, sie tragen wesentlich zur Aufrechterhaltung planwirtschaftlicher Bestrebungen und der Aufrechterhaltung der „Illusion der Machbarkeit" in den Unternehmen bei. Entsprechend betroffen reagieren sie, wenn stärker marktwirtschaftliche Prinzipien in das Unternehmen eingeführt werden, wie das etwa bei ABB der Fall ist. Zerlegt man ein Unternehmen in kleine, marktorientierte Einheiten, dann werden die sich selbst um ihre Abstimmung mit dem Markt kümmern. Für zentrale Planungsabteilungen „ein Horror". Denn die Vielfalt, die sich mit dezentralen Einheiten auftut, ist tendenziell „unordentlich" und chaotisch. Stehen wir hier vor dem Ende der Planung?

„Die Abschaffung der Planungsabteilung könnte das Beste sein, das ein Unternehmen für seine Aktionäre tun kann", heißt es in einem Bericht der Unternehmensberatung Deloite Haskins and Sells. Sie untersuchte die Gesamtrendite, die 75 britische Unternehmen in den letzten drei Jahren für ihre Aktionäre erwirtschaftet hatten, und stellte fest, daß Firmen ohne zentrale Planungsabteilung tendenziell höhere Renditen erwirtschafteten. „...Firmen, die der Überzeugung waren, daß sie ihren Planern einen großen Teil des Erfolges verdankten, waren in der Gruppe der gut verdienenden Unternehmen wenig vertreten." (The Economist, 18.02.1989; in: T.Peters 1992, 623) Wir wollen hier nicht der Abschaffung von Planungsaktivitäten das Wort reden. Sie verschieben sich allerdings in ihrer Funktion und Bedeutung. (Vgl. den Beitrag von B. Zucker)

Im Sinne der Agilität werden sich konstante Funktionseinheiten tendenziell auflösen und interne Dienstleistungen werden stärker in Projekten erfüllt werden. Es wird nicht mehr so oft die eindeutige „Heimat" für interne Dienstleister geben, sondern sie erbringen ihre Leistungen in den Projekten gemeinsam mit den anderen Bereichen.

Reste der ursprünglichen Stäbe finden sich in „project offices", die sich um einige übergeordnete Themen bemühen und Aktivitäten zur fachlichen Weiterbildung und zum Lernen der projektbezogen arbeitenden Experten unterstützen bzw. die Architektur für das Konzipieren, Umsetzen und Pflegen der Infrastruktur für die direkte Wertschöpfung gestalten.

Markt- statt Planwirtschaft: Wahlmöglichkeiten schaffen

Die Kundenbeziehungen gestalten sich im neuen Kontext wie erwähnt partnerschaftlicher und sind von einer höheren Transparenz hinsichtlich Leistungen und Aufwand getragen. Das geschieht vor dem Hintergrund, daß mehr Markt im Unternehmen Einzug hält und die internen Kunden zusehends Wahlmöglichkeiten hinsichtlich der Dienstleistungen erhalten. Ein Beispiel wären Bildungs- oder auch Engineeringsleistungen, die im Unternehmen angeboten werden, aber auch von außerhalb zugekauft werden können.

Welchen Wettbewerbsvorteil kann eine interne Abteilung gegenüber ihren externen Konkurrenten geltend machen? Die Kunden werden kritischer, genauer und kompetenter in ihren Nachfragen. Es heißt genauer Zuzuhören, mehr Marktforschung zu betreiben, die immer zugleich Beziehungsmanagement bedeutet (vgl. den Beitrag von Weiss). Neue Leistungen werden gemeinsam mit dem Kunden entwickelt. Die Kunden sind nicht mehr nur Konsumenten, sondern werden Mitproduzenten der Leistungen: Produzent + Konsument = Prosument. Sie wollen zugleich Entlastung als Konsument und sind als Mitproduzent der Dienstleistungen natürlich auch potentieller Mitbewerber des internen Dienstleisters, nach dem Motto: „Dann mach ich's gleich selber". Dieses Spannungsfeld gilt es zu managen.

Ein noch stärkeres Betonen der marktwirtschaftlichen Prinzipien bedeutet Outsourcing, eine Strategie, auf die zur Zeit viele Unternehmen setzen. Man kann von einer regelrechten Outsourcingwelle sprechen. Interne Dienstleister werden selbständig (gemacht) und sehen sich nunmehr als externer Anbieter dem alten Unternehmen, vielen neuen Mitbewerbern und neuen Kunden gegenüber. Das Unternehmen baut seine großen Zentralen oder Unterstützungsapparate ab und arbeitet statt dessen mit einer Fülle von Subkontraktoren, die spezialisierte Leistungen erbringen. Es geht um Konzentration auf das Kerngeschäft, wobei immer die Frage nach dem strategisch schützenswerten Wissen und den Transaktionskosten des Outsourcings bleibt.

Solche Entwicklungen bringen natürlich eine Menge von Folgewirkungen im Netzwerk des Unternehmens hervor. Z.B. stellen sich folgende Fragen: Was geschieht mit dem in den Stäben gesammelten Know-how und Erfahrungen? Wo sammelt sich im Unternehmen Wissen, wenn es nur mehr Projekte gibt? Wer sorgt sich um die Wissensentwicklung? Aber auch: Wo bleiben Ressourcen über, um über das Unternehmen/die Produkte/die Prozesse der Zukunft reflektieren zu können? Wer kümmert sich darum?

Man könnte die Frage auch so stellen: Bei aller Schlankheit, wo möchte und muß man sich überschüssige Ressourcen leisten, die für unterschiedliche Zukünfte Gestaltungsoptionen bereithalten?

Wissensmanagement statt Besserwissen

Interne Dienstleister, die ja immer schon als Wissensträger im Unternehmer fungierten, werden von diesen Fragen aufs Engste betroffen: Wie wollen wir Know-how erzeugen, vernetzen und transferieren? Welche Formen sind jenseits der Expertenzirkel denkbar? Wie können wir das lernende Unternehmen organisieren?

Die Eliminierung der Fachbereiche gehört mit zu den am schwersten vorstellbaren Momenten der neuen Unternehmenswelten. Auf wen soll man sich noch verlassen, wenn es keine eindeutige „ich-bin-der-Experte"-Struktur mehr gibt? Tom Peters spricht von einer „neuen Logik des Fachwissens". Er geht davon aus, daß die zentralen Funktionseinheiten nur mehr bedingt in die turbulenten Verhältnisse der heutigen Wettbewerbssituationen passen. Seiner Meinung nach zeigt sich auch, daß die vielgepriesenen Experten in den Stäben gar „nicht so fähig waren", wie man dachte, aber auch, daß „die Fachgebiete oft nicht so geheimnisvoll oder komplex sind, wie die Experten uns gerne glauben machen möchten".

Erfahrungen von Unternehmen zeigen denn auch heute, daß die Auflösung der Funktionen eines der zentralen Probleme für gelingendes „schlankes Management" darstellt. Welche Strategie erscheint erfolgversprechend? Neben der organisatorischen Auflösung ist es auch denkbar, Funktionen ihrer operativen Verantwortung zu entheben und gänzlich der Wissensentwicklung und dem -transfer zu widmen. So kann Lernen leichter möglich werden. Auch der Altmeister des Lernens im Unternehmen Chris Argyris spricht von den Schwierigkeiten, die Experten mit Lernen haben. Sicherlich mutet das zunächst paradox an, sind Experten doch mit der ständigen Weiterentwicklung ihres Wissens beschäftigt? Dazu kommt, daß im Expertenmodell Unternehmen wichtige Problemlösekapazitäten an die diversen Professionen delegieren. Eben dieses Modell steht am Rande seiner Möglichkeiten. Die Aufsplitterung in viele verschiedene Disziplinen hat ihre organisatorischen Preise. Kommunikation über Disziplingrenzen hinweg gelingt oft schlecht und ist zeitlich aufwendig. Heute ist nicht nur besseres Fachwissen sondern auch organisatorische Innovation an diesem Punkt gefragt.

Die Voten gegen die bisherige Expertenkultur richten sich keineswegs gegen die unabdingbare Notwendigkeit des Wissens. Im Gegenteil, immer mehr davon und der immer schnellere Erwerb werden zu einem, wenn nicht dem entscheidenden Wettbewerbsvorteil. Wissen ist der Produktionsfaktor der Zukunft. Aber wie kann Wissen organisiert werden, wenn die bislang üblichen Formen nicht mehr ausreichend sein sollen? Nicht mehr zureichend, weil zu langsam, zu weit von den Entscheidungs- und Produktionsprozessen entfernt, zu wenig anwendungsbezogen, zuviel spezialisiert und zuwenig integriert – und damit, und das ist eine deutliche Kehrtwendung gegen die klassische, wissenschaftsorientierte Expertenkultur, auch zuwenig innovativ!

Die Definition von Forschungs- und Entwicklungseinheiten ist nur ein Teil der Wissensproduktion. Ein großer Teil des Wissens entsteht in der unmittelbaren Arbeit für die Kunden in den Projekten und der permanenten Verbesserung der Leistungsprozesse. Wie kann dieses Erfahrungswissen effektiver genutzt werden? Was kann getan werden, daß diese wichtigen Erfahrungen nicht nur in den Köpfen der direkt Beteiligten verbleiben, sondern für viele andere im Unternehmen verfügbar und nutzbar werden?

Zum einen zeigt sich eine ermutigende Tendenz, das Expertenwissen in die Produktionseinheiten, Teams und Projektgruppen zu verlagern. Diese Gruppen können sich um ihr eigenes Knowhow sorgen und mit der Eingliederung von Stäblern in die Linieneinheiten wird hier ein wichtiger Schritt an Kompetenzzuwachs getan. Sicherlich ist aber auch eine darüber hinausgehende Integration und Vernetzung notwendig, um den Transfer und die allgemeine Wissenskumulierung zu begünstigen.

Wie Peters bemerkt, darf die Psychodynamik, die zum Funktionieren vernetzender Strukturen notwendig ist, nicht unterschätzt werden. Das Einspeisen des eigenen Wissens in ein allgemeines (z.B. informationstechnologisches) Netzwerk bedarf ja einer Anstrengung, die Kapazität von der Erfüllung anderer, anstehender Aufgaben abzieht. Wie also kann man so eine Wissensstruktur und -architektur attraktiv gestalten? Füllt sich so ein Netzwerk mit Leben, ist man der Rede von der „lernenden Organisation" wieder ein gutes Stück nähergekommen.

Zur Zukunft interner Dienstleister

Die beschriebenen Trends zeigen nochmals, wie sehr sich interne Dienstleister in einer Umbruchphase befinden. Viele der bislang funktionierenden Spielregeln greifen nicht mehr, der Neuorganisation und -positionierung sind Tür und Tor geöffnet.

Hier tun sich Chancen auf, die zu nutzen wären. Aktive Strategien können sich dabei als vorteilhaft erweisen.

Einige Fragen an einen internen Dienstleister, der sich positionieren möchte:

Zu Ihrem Umfeld:
Wohin bewegt sich Ihr Unternehmen? Welche Entwicklungen, welche Trends sind erkennbar?
Welche neuen Frage- und Problemstellungen tauchen darum für Sie als interner Dienstleister auf?

Zu Ihrer Position:
Wenn Sie auf die letzten drei Jahre zurückblicken:
Wie setzte sich Ihre Angebotspalette zusammen? Welche Leistungen haben Sie für Ihre Kunden/das Unternehmen erbracht? Welche Leistungen sind dazu gekommen, welche sind weggefallen? Was war Ihre Funktion und Rolle?
Womit waren Sie bisher besonders erfolgreich?
Verglichen mit Ihren internen oder externen Konkurrenten: Was ist Ihr Wettbewerbsvorteil?
Wie sehen das Ihre Kunden? Wann haben Sie zum letzten Mal mit ihnen darüber gesprochen?
Woran werden Sie bislang gemessen und beurteilt? Wer beurteilt Sie?
Wer sind für Sie als interner Dienstleister im Unternehmen die Schlüsselpersonen/-bereiche/-gruppen? Welche Kommunikation pflegen Sie mit ihnen?

Machen Sie einen Unterschied – Erfinden Sie sich neu!
Stellen Sie sich vor, Sie als interner Dienstleister könnten sich auf der grünen Wiese" neu erfinden:
Was würden Sie wie anbieten? Was nicht (mehr)?
Von wem würden Sie bezahlt werden? Und wofür?
Wer wären Ihre Kunden? Wer nicht?
Was hätten Ihre Kunden (und was die Kunden Ihres Unternehmens) davon?
Was wären Ihre Erfolgskriterien?
Wie würden Sie sich organisieren?
Mit wem würden Sie zusammenarbeiten?

Anknüpfungspunkte für diese Strategien bietet die Fülle neuer Aufgaben, die sich aus den allgemeinen Veränderungen der Unternehmen und ihrer Märkte ergeben. Der Umbruch, der interne Dienstleister erfaßt hat, ist ja zunächst nichts anderes als die Resonanz auf den Wandel der Unternehmens- und Marktbeziehungen (vgl. den Beitrag von F. Escher). Die in diesem Beitrag aufgeworfenen Fragen wie auch die in anderen Beiträgen vorgestellten Erfahrungen und Konzepte machen deutlich, welches Potential in der Organisierung und Neuerfindung der internen Dienstleistungen steckt. Das Tohuwabohu, das gegenwärtig so vielfach zu beobachten ist, kann sich in dieser Sicht als Chaos entpuppen, das neuen Erfolgen Raum gibt.

Literatur:

Argyris, Ch.:
  Wenn Experten wieder lernen müssen. In: HARVARDmanager 4/1991, S. 95 – 107
Pascale, R.:
  Managen auf Messers Schneide. Frankfurt 1991
Peters, T.:
  Jenseits der Hierarchien. Liberation Management. Düsseldorf 1992
Porter, M.:
  Wettbewerbsvorteile. Frankfurt 1982
Schmitz, Ch.:
  Prozesse und Fähigkeiten im Unternehmen. In: Gester, P./Heitger, B./Schmitz, Ch. (Hrsg.), Managerie. 2. Jahrbuch für systemisches Denken und Handeln im Management. Heidelberg 1993
Seghezzi, H.P./Fries, St./Reiner, Th.:
  Der weite Weg zum Qualitätsmanagement. In: io management. 61. Jg., 5/1992, S. 52 – 56
Stalk, G./Hout, Th.:
  Competing against Time. New York 1990

Erfolgs-Strategien für interne Dienstleister

Barbara Heitger

Die Zeiten für interne Dienstleister (IDL) sind härter geworden. Noch nie waren die Ansprüche ihrer Kunden im Unternehmen so komplex, vielfältig und auch widersprüchlich. Noch nie waren sie dem Wechselbad zwischen „Outsourcing und Weg-rationalisiert-Werden" einerseits und der Funktion des unternehmensinternen „Integrierers" und „Problemlösers" andererseits so ausgesetzt wie heute. Dementsprechend groß ist die Verunsicherung – nicht nur für die „Stäbler" selber, auch für die Geschäftsführungen und das Linienmanagement. Die Fragen, die im Mittelpunkt stehen, lauten vor allem:

- Welchen Beitrag leisten die internen Dienstleister zum Erfolg des Unternehmens? Worin liegt ihr spezifischer Nutzen?

- Wie können diese Leistungen sichtbar gemacht, bewertet und weiterentwickelt werden?

- Wie ist jeweils die Kosten/Nutzen Relation bzw. die potentielle Abhängigkeit des Unternehmens von der jeweiligen internen Dienstleistung (Imitierbarkeit, Verbindung zu den Kernkompetenzen etc.)? Wie wichtig ist eine IDL für den Unternehmenserfolg?

- Die Beantwortung dieser Frage gibt auch erste Orientierung zur jeweils sinnvollen organisatorischen Positionierung darüber, ob nämlich bisher interne Dienstleistungen sinnvollerweise zurück in die Linie integriert werden (z.B. Elemente von

Personalentwicklung, Qualitätssicherung) oder ganz ausgelagert werden (Outsourcing, z.B. Hausverwaltung) oder eben sinnvollerweise als eigene Organisationseinheit, und auch hier gibt es viele Varianten von der traditionellen Stabstelle bis hin zur „Firma in der Firma", weiterbestehen.

- Wie gestalten interne Servicebereiche ihr Leistungsportfolio am besten, was bieten sie an (von Standardprodukten bis zu maßgeschneiderten Projekten) und wie bieten sie ihre Leistungen an (Preisgestaltung und Marketing)?

- Wie ist die Kommunikation und die Kooperation zwischen internem Dienstleister und seinem Kunden jeweils sinnvoll zu gestalten – in der großen Bandbreite zwischen totaler Planwirtschaft (interner Dienstleister mit Monopolstellung im Unternehmen und „Ordnung im System" als Rahmenarchitektur) und freier Marktwirtschaft (interner Dienstleister als Anbieter, interne Kunden als Nachfrager – also „radikale Kundenorientierung" und Vereinbarungskultur als Rahmenarchitektur)?

- Wie sieht dann jeweils das Rollen-Zusammenspiel aus – wo ist der interne Dienstleister Lieferant, der Kunde Konsument, wo der eine Berater oder „Competencecenter", der andere – der interne Kunde – der Beratene und „sein eigener Umsetzer"? Wo geht es darum, für den internen Kunden etwas operativ zu tun, wo darum, gemeinsam mit ihm etwas zu entwickeln?

- Und schließlich: Wie sichern IDL ihre eigenen Kernkompetenzen? Wie organisiert sich der interne Dienstleister so, daß er Kundenorientierung, Qualität und Effizienz seiner Leistungen sichert und zugleich die eigenen Mitarbeiter als Knowhowträger motiviert, stärkt und fördert (lernende Organisation)?

Diese Fragen sind allesamt grundsätzliche Fragen nach Identität und Selbstverständnis. Daß sie für interne Dienstleistungen zunehmend so radikal gestellt werden in den Unternehmen, ist neu und Ausdruck der Um- und Aufbruchsituation für interne Dienstleister.

Die Emotionalität der Diskussion ist spürbar – schließlich muß geklärt werden, ob es darum geht, die „lästigen" Stäbe und Zentralbereiche endlich los zu werden, weil man sie eigentlich nicht mehr braucht oder in die Linie reintegriert (Abwertung) oder ob man sie mehr denn je braucht, weil erst sie eine leistungsfähige und flexible Infrastruktur und Organisation für die direkte Wertschöpfung entwickeln und sichern (Aufwertung).

In dieser „neuen Unübersichtlichkeit" geht es in diesem Beitrag darum, zunächst einmal die Entwicklung nachzuzeichnen, die die „alten" Stäbe und Zentralbereiche zu den „neuen" internen Dienstleistern werden ließ. Um sich in der Vielfalt möglicher Identitäten als interner Dienstleister strategisch sinnvoll zu positionieren und zu entscheiden, bedarf es neuer Landkarten zur Orientierung, die anschließend vorgestellt werden. Wichtig ist vor allem, die Widersprüche, in der Rollenvielfalt interner Dienstleister ins Zentrum der Aufmerksamkeit zu rücken und damit auch die Frage der jeweils angemessenen Kooperationsarchitektur mit den internen Kunden.

Praxismodelle zu Nutzen- und Qualitätsdimensionen geben Orientierung zur Gestaltung des Leistungsportfolios interner Dienstleister und für jeweils passende Marketing- und Kommunikationsstrategien.

Wie aus Stäben und Zentralbereichen interne Dienstleister werden

Die wachsende Komplexität und Turbulenz der Märkte, in denen Unternehmen agieren und sich behaupten müssen, hatte und hat nach wie vor enorme Konsequenzen dafür, wie Unternehmen ihre Organisationen gestalten und umbauen. „Responsiveness", also die Fähigkeit, aktuelle Markttendenzen früh wahrzunehmen und produktiv durch markt- und kundenorientierte Leistungsangebote – im Rahmen eines effizienten internen Ressourcenmanagement zu verarbeiten – ist die eine Anforderung an effiziente Organisationen. Das Selbstentwicklungspotential, die Lernfähigkeit der Organisation als System insgesamt zu stärken, ist die andere, für den Erfolg in dynamischen Märkten ebenso wichtige Anforderung, geht es doch darum, Unternehmen für viele mögliche Zukünfte überlebensfähig und fit zu machen.

Insgesamt ist die „Haut" des Unternehmens zum Markt dünner geworden und die Grenzen zum Markt durchlässiger – und das spüren natürlich auch die internen Dienstleister, denn mit dem Flexibler-Werden der Organisation ist ihr früher stabiles, zentral von innen – durch das Topmanagement gesteuerte Umfeld überhaupt erst zum beweglicheren Markt geworden.

Wenn „Responsiveness" und Selbstentwicklungspotential von Unternehmen wettbewerbsentscheidend werden, hat das zwei wesentliche Konsequenzen:

- ■ die Organisation und Architektur des Unternehmens (Technologie, Personal- und Controllingsysteme etc.) werden insgesamt zu wichtigen Erfolgsfaktoren. Damit ist die Kompetenz und Qualität interner Dienstleistungen mehr gefragt denn je, wird doch die Aufgabe interner Dienstleister traditionell darin gesehen, Potentiale, Ressourcen und die Infrastrukturen, die zur Erstellung der spezifischen Unternehmensleistung nötig sind, zu entwickeln, zu pflegen und zu sichern. Damit unterstützen interne Dienstleistungen den direkten Wertschöpfungsprozeß – das Entwickeln, Designen, Produzieren, Verkaufen und Liefern von Produkten und Dienstleistungen an externe Kunden. Man spricht von indirekter Wertschöpfung oder der unterstützenden Funktion interner Dienstleister.

- Organisation und Architektur von Unternehmen müssen, um antwortfähig und entwicklungsfähig zu sein, nicht wie bisher primär vor allem Sicherheit und Stabilität bereitstellen (Hierarchie, das heißt zentrale Steuerung, Organigramme und Stellenbeschreibungen...). Unternehmen, deren Organisation festgeschriebene Antworten für vorweg bestimmte „Marktfragen" anbietet, mögen auf stabilen Märkten erfolgreich sein. In turbulenten Märkten führt die organisierte Erwartbarkeit von Entscheidungen zu trügerischer Sicherheit. Stattdessen ist es wichtig, mehr Unsicherheit und Offenheit ins Unternehmen einzuführen, damit Anreize für marktnahe Selbstentwicklung und -steuerung wirksam werden können – Organisationen machen sich sozusagen auf den Weg von interner Planwirtschaft zu einem Mehr an interner Marktwirtschaft, bauen in sich mehr Offenheit ein (z.B. Visionen und strategische Geschäftsfelder als Orientierungselemente) ein und stärken damit die Aufmerksamkeit und das Problemlösungspotential für unerwartete Marktentwicklungen.

Greifen wir die vorhin zitierte Definition interner Dienstleistungen – das Sichern und Entwickeln des Rahmens für direkt wertschöpfende Unternehmensprozesse wieder auf, dann lag die „alte" Funktion der internen Dienstleistung darin, die Bereiche direkter Wertschöpfung von Fragen der Organisationsarchitektur, des Technologieeinsatzes, der Planung, der Strategie, des Marketing, des Personalmanagement und Controlling etc. zu entlasten, in diesen Bereichen Sicherheit und Orientierung zu geben, also für ein „gut bestelltes Feld" zu sorgen.

Wenn nun aber zuviel Sicherheit in diesen Fragen die schnelle und flexible Antwort- und Selbstentwicklungsfähigkeit von Unternehmen begrenzt, ändert sich damit die Funktion von internen Dienstleistern radikal – sie sind nach wie vor Vor- und Nachdenker im Unternehmen, allerdings solche, die nicht mehr nur als Experten für ihren jeweiligen Bereich relativ gesicherte Orientierung und längerfristig wirksame Infrastrukturen zur Verfügung stellen. Ihre Funktion wird es darüber hinaus, das operative Geschäft kreativ und produktiv zu stören, eine der jeweiligen Marktdynamik angemessene „Beunruhigung" zu initiieren, damit Energie für gemeinsame Neuorientierung frei wird, z.b. durch das Initiieren und Steuern von Strategieentwicklungsprozessen, die unterschiedliches Expertenknowhow und die Vielfalt der Markterfahrungen und -einschätzungen integrieren.

Pointiert gesagt sorgen interne Dienstleistungen damit für Irritation und führen, wenn sie ihr Geschäft in komplexen Märkten ernst nehmen, damit zunächst statt Sicherheit und Orientierung, Unsicherheit und Offenheit ins Unternehmen ein – und dafür ernten sie jedenfalls nicht nur Lob und Anerkennung sondern Ärger und Enttäuschung: Sie stören das Tagesgeschäft und haben weniger als früher fertige Orientierungen und Lösungen anzubieten. Dieser Trend zeigt, daß das alte Expertenmodell – einer weiß, was für andere das Richtige ist – in der eher komplexen und dynamischen Wissens- und Dienstleistungsgesellschaft ausgedient hat.

An seine Stelle tritt ein Modell gemeinsamer Wissensentwicklung, das nach wie vor inhaltliches Spezialistenwissen aller Bereiche erfordert, darüber hinaus aber auch großes Knowhow der Methoden bzw. der Organisations- und Kommunikationsarchitektur verlangt, weil diese Wissens- und Erfahrungsvielfalt jeweils schnell und qualitätsvoll zu integrieren ist. Diesem neuen Modell liegt die Einsicht zugrunde, daß jeder Experte etwas, aber keiner alles weiß und – wie vorhin am Beispiel der strategischen Planung erläutert – gemeinsame Wirklichkeiten aus verschiedenen Perspektiven zu entwickeln sind (z.B. aus der Sicht unterschiedlicher Geschäftsfelder, der Sicht des Topmanagements, der Organisation, der EDV, des Finanz- und Personalmanagement, des Einkaufs, der Produktion). Die Schattenseite dieses neuen Modells liegt in der Frustration, sich das „Nicht-Wissen" einzugestehen, die Lichtseite darin, daß, wenn solche Prozesse gelingen, der Schnittstellen- und Umsetzungsballast, den die Stäbe in der traditionellen Hierarchie „erzeugt" haben, über Bord geworfen werden können.

Auch hier eine folgenreiche Entwicklung für interne Dienstleister: Die sicheren monopolartigen Abnehmerbeziehungen im Modell „Hierarchie-Stäbe" werden zunehmend zu marktähnlichen Kunden-Lieferantenrelationen mit Wahl- und Entscheidungsoptionen für die beteiligten Partner. Das heißt aber: Auch die internen Kunden müssen sich mitentwickeln, „aktiv mitmachen", bekommen weniger „Instant-Rezepte" als früher und fühlen sich zunächst oft in ihrem Tagesgeschäft gestört und irritiert, weil die alten Stäbe sie nicht mehr entlasten von schwierigen Fragen, die scheinbar nicht unmittelbar mit dem Alltagsgeschäft verknüpft sind.

Zugleich bedeutet „mehr Marktwirtschaft im Unternehmen" für die Stäbe und Zentralbereiche auch, daß alte Privilegien und Machtvorteile, die durch ihre Monopolstellung und die Nähe zum Topmanagement geschützt waren, kritisch diskutiert werden. Das führt vor allem zur Infragestellung der Stäbe im Hinblick auf Kosten/Nutzen-Relationen: Zum ersten Mal in ihrer Geschichte stehen auch sie unter Rationalisierungsdruck, weil ihre Monopolstellung aufbricht – das erklärt ihre Legitimationskrise. Darüber hinaus haben sie aber eben auch an einer „zweiten Front" zu tun: Ihre eigene Rolle redefinieren und ihre internen Kunden zur „Mitentwicklung" zu gewinnen (Expertenkrise und Paradigmenwechsel von Plan- zu Marktwirtschaft).

Unternehmensentwicklung – wohin die Reise geht

Wohin nun geht die Reise? Was sind die wesentlichsten Gestaltungsstrategien für die Organisation von intelligenten Unternehmen – wie können wir die Entwicklung für den „Markt für interne Dienstleister" genauer beschreiben?

*Von Produkt- und Marktanteilsorientierung
zu radikaler Orientierung an Kundennutzen
und kontinuierlicher Kundenbindung*
Orientierten sich Strategien und Organigramme früher oft an Produkten und Marktanteilen, so steht heute viel mehr Kundennutzen und -bindung als Strategie- und Organisationskriterium im Vordergrund. Beispiel: abteilungsübergreifende „Accountteams" betreuen wichtige Stammkunden und entwickeln Maßschneiderei von Produkten und Dienstleistungen gemeinsam mit Kunden. Je komplexer das Produkt ist, umsomehr wird der Kunde „Mitproduzent". Er kauft daher nicht nur das Produkt, sondern aufgrund gemeinsamer Kooperationserfahrungen und gemeinsamer Wissensentwicklung auch stabiles Problemlösungspotential für zukünftige Herausforderungen (z.B. EDV-Lösungen). Wie können daher interne Dienstleistungen diesen Wechsel strategischer Orientierung – von Produkt- und Marktanteilsorientierung hin zu Nutzen und Kundenbindung wirkungsvoll unterstützen (z.B. durch Wissensentwicklung, Informationstechnologie, Controllingsysteme)?

Vom „Experte für alles sein" zum Fokus auf Kernkompetenzen
Dieser Trend verdeutlicht den Wandel von quantitativem zu qualitativem Wachstum. Unternehmen konzentrieren sich auf das ihnen eigene, oft jahrelang erworbene, identitätsstiftende für ihren Erfolg wesentliche und daher von Mitbewerbern nicht ohne weiteres imitierbare kollektive Wissen (z.B. Sony mit der Kernkompetenz der Miniaturisierung) und orientieren ihre Architektur und Organisation daran. Die eigenen Kernkompetenzen zu evaluieren, zu entwickeln und zu nutzen, ist eine schwierige Aufgabe, weil es um Konzentration und Selbstbegrenzung geht. Was lassen wir weg - was vergeben wir nach außen, weil andere es besser oder effizienter können etc.? Wo und wie interne Dienstleistungen Kernkompetenzen mitentwickeln bzw. selber Element davon sind, ist eine neue Frage, die wesentliche Orientierung für Priorisierung im Leistungsportfolio interner Dienstleister bietet.

*Von eindeutigen Kooperationen (Kunde, Lieferant,
Mitbewerber ...) zu vieldeutigen Wertschöpfungspartnerschaften
(Konzept des virtuellen Unternehmens)*

Die Grenzen von Organisationen werden durchlässiger (längerfristige und vielfältige Kooperationen mit Marktpartnern, EDV-Vernetzung, ...). Einerseits führt die Konzentration auf die eigenen Kernkompetenzen notwendigerweise zu intensiveren unternehmensübergreifenden Partnerschaften, weil bisher selbst erbrachte Leistungen von externen Spezialisten zugekauft werden. Andererseits führt das wachsende Sich-Auflösen und schnellere Neu-Formieren von Branchen (z.b. EDV, Telecom, Multimedia) dazu, daß ein- und derselbe Marktpartner in einem Fall Kunde, im nächsten Lieferant und im dritten Fall Mitbewerber ist (prominentes Beispiel: IBM & Microsoft).

Die Vielfalt und Widersprüchlichkeit solcher Relationen – zwischen Kooperation und Konkurrenz – stellt – bezogen auf die Gestaltung der Beziehung zwischen Unternehmen und seinen Marktpartnern – hohe Ansprüche an die Anpassungs- und Konfliktfähigkeit von Organisationen. Einst eindeutig definierte Rollen- und Kooperationsgefüge (z.B. Kunde-Lieferant) werden zu vieldeutigen Wertschöpfungspartnerschaften (Prinzip des gegenseitigen Nutzens). Damit entstehen auch neue Fragen an die internen Dienstleister: Wo und wie können interne Dienstleistungen „virtuelle Unternehmen" im eigenen Unternehmen oder mit anderen Unternehmen unterstützen – also flexible und ankoppelungsfähige Infrastrukturen dafür bereitstellen? Wie können sie proaktiv, schnell und wirksam mit internen Dienstleistern anderer Unternehmen kooperieren – wie sieht die Gesamtphilosophie der unternehmensübergreifenden Kooperationen aus, wie ihr Controlling – ein Füllhorn neuer Fragen für interne Dienstleistungen.

Vom funktionalen Bereich als Organisationsprinzip zum Bilden von kleinen, relativ autonomen erfolgsverantwortlichen Einheiten, die marktnah agieren (dezentrale Selbststeuerung und „Empowerment")
Beispiel: Statt funktional spezialisierter Fachbereiche (F&E, Produktion ...) Etablieren strategischer Geschäftsfelder oder Einrichten von Profitcentern etc. Der Mix einer solchen Organisationsarchitektur zwischen Integration, Selbstbindung und der gemeinsamen Vision für das Unternehmensganze einerseits und

dezentraler autonomer Selbststeuerung, Vielfalt und Partikularismus andererseits stellt interne Dienstleister in ein prekäres Spannungsfeld zwischen Orientierung am jeweiligen Kunden („Maßschneiderei") oder am Ganzen (Integrationsfokus, „Ordnung im System").

Verschärft wird dieser Widerspruch durch die mit solchen Prozessen der Geschäftsfeldgliederung verbundene Neupositionierung/Infragestellung des Topmanagements und die Tendenz der kleinen Einheiten nach möglichst viel Autonomie. Denn das in der Hierarchie dominierende Prinzip zentraler innengeleiteter Steuerung wird hier relativiert durch dezentrale, kundenorientierte Selbststeuerung. An interne Dienstleister werden hier oft Integrationsaufgaben delegiert, andererseits wird von ihnen Flexibilität und das Eingehen auf vielfältigere Kundenwünsche erwartet.

Von Stabilität zu kontinuierlichem Wandel
Zeitwettbewerb und Qualität als Erfolgsfaktoren bewirken, daß schnelle und professionelle Umsetzungen gefragt sind und damit die Kompetenz von Stäben in Fragen des Changemanagement an Bedeutung gewinnt. Dabei geht es sowohl um kontinuierliche Organisationsentwicklungsprozesse wie auch um radikale Organisationsveränderungen. Dazu kommt die Gleichzeitigkeit der Entwicklung langfristiger Leistungspotentiale und des Krisenmanagement, das immer mehr zum Alltagsgeschäft wird. Besonders Personalmanager können „ein Lied davon singen", wie schwierig es ist, dieses Spannungsfeld zu gestalten, wenn es einerseits darum geht, Personal abzubauen und andererseits darum, für das Unternehmen wichtige Know-howträger zu entwickeln und langfristig an das Unternehmen zu binden.

Von der Funktionsorientierung und Hierarchie zur Orientierung an relevanten Unternehmensprozessen (Business Process Reengineering)
Der Implementierungs- und Umsetzungsballast, den die Hierarchie und die funktional nach Spezialisten aufgebaute Organisation erzeugt, können sich immer weniger Unternehmen leisten (Suboptimierung der Funktionen, Fragmentierung der Arbeit, die viel

Kontroll- und Koordinationsaktivitäten ohne eigene Wertschöpfung erfordert). Zusätzlich zur Autonomisierung von kleineren Unternehmensteilen experimentieren Firmen nun damit, ihre Organisation entlang der wichtigsten Unternehmensprozesse radikal auf den jeweiligen Kundennutzen bezogen zu gestalten; das heißt, alle Aktivitäten auf ihren Beitrag zum Kundennutzen hin zu überprüfen und nicht wertschöpfende Aktivitäten (Koordination, Kontrolle, unsinnig fragmentierte Arbeitsschritte ...) wenn möglich zu eliminieren.

Ansätze dazu sind Fertigungsteams, die Arbeitsvorbereitung, Instandhaltung und Qualitätssicherung integrieren oder ein Unternehmensprozeß als Organisationseinheit, die alle Aktivitäten organisatorisch zusammenfaßt z.b.vom Kundenauftrag bis zur Auftragserfüllung etc. (vgl. dazu Hammer, Champy).

Denkt man diesen Ansatz konsequent durch, ändern sich die Ansprüche an die internen Dienstleistungen hier radikal: Informationstechnologie und Human Resources Management sind zentrale Erfolgsfaktoren für dieses Organisationskonzept, denn Mitarbeiter brauchen hier nicht nur spezialisiertes Fachknowhow sondern hohe soziale Kompetenz und Wissen zum gesamten jeweils bearbeiteten Unternehmensprozeß. Die Informationstechnologie stellt standardisierbares Expertenknowhow zur Verfügung und macht die relevanten Daten eines Unternehmensprozesses jeweils am benötigten Ort aktuell verfügbar. Andere interne Dienstleistungen werden wohl eher in Unternehmensprozesse direkt integriert werden, und so manche Kontroll- und Koordinierungsaufgabe, bisher als IDL organisiert, wird sich erübrigen bzw. vom Umfang her abnehmen.

Von der Hierarchie zur radikalen Neukonzeption von Führung und Empowerment der Mitarbeiter
Daß die Trennung von Entscheiden und Umsetzen (vertikale Arbeitsteilung) und die hoch spezialisierte Arbeitsteilung (horizontale Arbeitsteilung) für stabile Märkte sehr funktional war und ist, für wachsende Dynamik und Marktturbulenzen aber weniger geeignet ist, weil zentrale Steuerungsentscheidungen jeweils an die Unternehmensspitze delegiert werden, liegt auf der Hand.

Wenn in die Unternehmen mehr „Markt" hineinorganisiert wird – durch kleinere Geschäftseinheiten, Wertschöpfungspartnerschaften auf Zeit etc. – dann ist auch jeweils zu verhandeln, wo welche Art von Unternehmenssteuerung am kompetentesten geleistet werden kann. Jedenfalls geht es im Topmanagement in einem solchen Kontext eher darum, einen Rahmen für dezentrale, marktnahe Selbststeuerung zu schaffen, Mitarbeiter mit dezentraler unternehmerischer Entscheidungskompetenz auszustatten (Empowerment), zugleich aber auch den Blick auf Integration und die Ertragssicherung des Unternehmensganzen zu sichern. – Eine Paradoxie, die das Topmanagement, wie auch mancher interner Dienstleister hier zu gestalten hat und deren Konkretisierung jeweils neue unterschiedliche interne Rollen- und Verantwortungsaufteilungen nach sich zieht. Das professionelle Aushandeln (Contracting) der jeweiligen Steuerungsbedarfe wird damit zum wesentlichen Kompetenzrepertoire erfolgreicher Manager und „Stäbler" (genaueres dazu im nächsten Kapitel).

In welchen Märkten operieren interne Dienstleister – Orientierungslandkarten zur strategischen Positionierung

Nun haben wir einige wesentliche Trends der Unternehmensentwicklung und erste Fragestellungen besprochen, die sich daraus für interne Dienstleister ergeben. Gemeinsam ist diesen Trends ihre Radikalität – viele Unternehmen machen derzeit „Entwicklungssprünge" durch. So ist auch die Vielfalt der Modelle, die für die strategische Positionierung und die Organisation interner Dienstleistungen derzeit diskutiert wird, groß.

Keines der Modelle – von Outsourcing bis Reintegration in die Linie, vom stabilen Zentralbereich bis zum flexiblen Profitcenter ist per se richtig oder falsch. Und so sehr die besprochenen Trends insgesamt in Richtung mehr unternehmensinterner Marktwirtschaft gehen, so ist doch die Praxis interner Dienstleister heterogener und widersprüchlicher – abhängig von der Vielfalt und Ausprägung des unternehmensinternen Marktes, auf dem sie agieren, also von der jeweiligen Organisation und Kultur des Unternehmens, in dem sie ihre Kunden haben.

Wie sich in dieser Vielfalt zurechtfinden? Dazu eine erste Landkarte, die den Markt für interne Dienstleister nach unterschiedlichen Komplexitätsgraden beschreibt und damit jeweils den Rahmen für die jeweiligen Funktionen und den möglichen Nutzen interner Dienstleistungen setzt.

Die Landkarte kann zweierlei beschreiben:

1. *Wie ist die Komplexität des Marktes einzuschätzen, in dem ein Unternehmen agiert (Wahrnehmungslandkarte)?*

Wenn die Vielfalt möglicher Entwicklungen gering ist (waagrechte Achse), und die Unberechenbarkeit, welche Markttrends sich realisieren auch gering ist (vertikale Achse), dann operiert das Unternehmen in einem sehr stabilen Markt (z.B. ein kleiner Handwerkerbetrieb, der in seinem Umkreis der einzige ist). Wenn die Vielfalt möglicher Marktentwicklungen und ihre Unberechenbarkeit hoch sind, agieren Unternehmen in turbulenten, chaotischen Märkten (z.B. Computerhersteller, internationale Beratungsunternehmen). Sie brauchen, wie die Landkarte zeigt, eine ganz andere Art von Organisation und Steuerung (woran orientieren sich jeweils Entscheidungen) als Firmen in stabilen, überschaubaren Märkten.

2. *Die Landkarte kann aber auch Auskunft darüber geben, wie sich ein Unternehmen strategisch positioniert (Entscheidungslandkarte).*

So agiert McDonalds zwar im „Food-Markt", der doch eher als dynamisch einzuschätzen ist, positioniert sich dort aber sehr pointiert durch eine klar begrenzte Produktpalette, mit der Kernkompetenz von Schnelligkeit, international gleichen Standards etc. und ist auch dementsprechend organisiert (Ziele/Pläne zur Entscheidungsorientierung und Hierarchie/Spezialisierung als Organisationsprinzip).

Komplexitätsmanagement: Woran orientieren sich Entscheidungen (1), Organisationsmodelle (2)

Beliebigkeit
Unberechenbarkeit möglicher Entwicklungen

(1) Selbstabstimmung
(2) kooperierende Experten
(z.B.: Produktentwicklungsteam, Jazzkapelle)

(1) Strategien
(2) Holding/SGF Modelle
Projekte
Bild: Flottenverband mit Mutterschiff
(z.B.: ABB)

(1) Ziele/Pläne
(2) Stab/Linie bzw. Matrix
Hierarchie/Spezialisierung
Bild: Tanker
(z.B.: Massenproduktion, McDonalds, KFZ-Produktion vor 5-10 Jahren)

(1) Verfahrensregeln und Programme
(2) einfache Arbeitsteilung
Bild: einfaches Schiff
(z.B.: Werkstätte)

(1) Sinn und Vision
(2) Netzwerkorganisation
Fokus: dezentrale Selbststeuerung
Bild: Verbund kleiner, flexibler Partnerschiffe ohne zentrales Mutterschiff
(z.B.: innovative Dienstleister, Beratungsfirmen, Compunet)

(1) Verfahrensregeln, Programme
(2) hohe, formale Arbeitsteilung
(z.B.: Behörden. Sie müssen berechenbare Ergebnisse liefern)

Vielfalt möglicher Entwicklungen

Die wichtigsten Aussagen des Modells

Zunächst wird klar, daß es die eine richtige Organisation und die eine richtige Orientierungsgröße für operative Entscheidungen nicht gibt, sondern, daß beide abhängig sind von der Markteinschätzung und der Selbstpositionierung des Unternehmens. Letztere hat einerseits Entscheidungscharakter, ist aber auch von der eigenen Geschichte und den Unternehmenspotentialen – kurz von der Identität des Unternehmens – bestimmt. Zweitens geht die Gesamtentwicklung wohl eher in Richtung Chaos bzw. zunehmende Komplexität. Nicht umsonst plagen sich vor allem große und technisch bzw. produktorientierte Unternehmen derzeit am meisten, sich von Zielen/Plänen zur Entscheidungsorientierung und Spezialisierung als Organisationsprinzip umzustellen auf Strategien und Modelle strategischer Geschäftsfelder oder gar auf Sinn und Vision als Orientierungsrahmen für Entscheidungen und flexible, autonome markt- und kundennahe Organisationseinheiten.

Darüber hinaus gilt drittens, daß jeweils in der Entwicklung eines Unternehmens neu hinzukommende Komplexitätsstufen vorhergegangene zwar neu formieren, sie aber nicht überflüssig machen – das heißt in jedem Unternehmen, sei es noch so agil und flexibel z.B. als Netzwerk organisiert, kommen gleichzeitig auch Unternehmensaufgaben mit „früherer" bzw. geringerer Komplexität vor. So braucht etwa Compunet (siehe Beitrag in diesem Buch) – als innovativer Dienstleister für Netzwerkkommunikation – einen verläßlichen Kundendienst, der nach klaren „wenn-dann" Verfahren und mit möglichst einfacher Arbeitsteilung am besten operiert.

Diese Landkarte ist also Orientierung dafür, in welchem Markt interne Dienstleister agieren – die Spannbreite ist groß: von hochstabilen Märkten, die nach dem Prinzip „wenn, dann" funktionieren (Behörden, Monopolunternehmen, kleine Werkstätten) bis hin zu chaotischen Märkten, wo nach dem Motto „alles ist möglich – nichts ist fix" im Rahmen von Vision und dezentraler Selbststeuerung alle operativen Entscheidungen auszuhandeln sind.

Komplexitätsmanagement: Positionierung interner Dienstleister.
Welchen Nutzen/Wert stiften wir? Wie gestalten wir Kundenrelationen (Rollengestaltung)?

Beliebigkeit Unberechenbarkeit möglicher Entwicklungen ←

„unternehmensinterne Planwirtschaft": Fachberatung und Kontrolle

Experten sagen (Stäbe) – Praktiker tun (Linie)

Bild: Tanker

operatives Durchführen, wo am effizentesten:

„Superindustrialisierung" Lieferant (Zentralbereich) – Konsument;

Bild: kleines Schiff

vermittelnder Protektionismus:

Ergebnis- und Prozeßorientierung (Top Down und Bottom-up) verbindend; zentrale und dezentrale IDL

Prozeß- und Fachexperten (IDL) bzw. Betroffene und Integrierte (interne Kunden)

Bild: Flottenverbund mit Mutterschiff

Wissensmanagement und Architektur als

Rahmen und Support für dezentrale Selbststeuerung
– stabile Kooperationsnetzwerke fördern IDL als Kompetenzzentrum und Coach
– mehr Marktwirtschaft und Optionen durch Wissensentwicklung; IDL und ihre Kunde sind gemeinsame Partner (Koevolution)

Bild: Verbund kleiner, flexibler Partner

→ Vielfalt möglicher Entwicklungen

Noch einmal betont sei, daß sich interne Dienstleister meist simultan in mehreren Markttypen bewähren und positionieren müssen, was Rollenvielfalt und unterschiedliche Kooperationsvereinbarungen mit den internen Kunden erfordert. Denn in jedem Unternehmen gibt es Aktivitäten, die unterschiedliches Komplexitätsmanagement erfordern und daher unterschiedlich zu steuern und zu organisieren sind. Auch für die internen Dienstleister lautet also die Frage, wie sie ihren Markt jeweils einschätzen und zweitens, wie sie sich daher positionieren wollen.

Unterschiedliche Unternehmensmärkte, die jeweilige Funktion interner Dienstleister darin und die Gestaltung der Rollen und Kooperation mit internen Kunden

Merkmale des internen Marktes – woran orientieren sich Entscheidungen (1) und wie organisiert sich das Unternehmen (2)	Funktion interner Dienstleister (1) und Merkmale der Kooperation mit den internen Kunden (2)
„kleines Schiff" – stabiler Markt	
(1) Verfahrensregeln und Programme (2) einfache Arbeitsteilung	(1) „Vorfahren" der operativen Zentralbereiche – wenn es überhaupt Bedarf nach IDL gibt, geht es um die Entlastung durch möglichst effizientes Durchführen (Superindustrialisierung) (2) IDL = Lieferant; interner Kunde = Konsument (Beispiel Personalverwaltung, zentrale Dienste)
„Tanker" – relativ stabiler Markt durch Größe und Zentrale steuerbar	
(1) Ziele/Pläne (2) Hierarchie bzw. Stab/Linienorganisation, d.h. zentrale Steuerung von innen und Taylorismus (funktionale Spezialisierung) mit dem Risiko von Schnittstellen-	(1) Geburtsstunde der „Stäbe", die als Experten das Topmanagement beraten und kontrollieren, was die Linie umsetzt in funktionsübergreifenden Querschnittsfragen (z.B. Planung, Personalmanagement, EDV); zentrale Stäbe mit hohem Fach-

Merkmale des internen Marktes – woran orientieren sich Entscheidungen (1) und wie organisiert sich das Unternehmen (2)	Funktion interner Dienstleister (1) und Merkmale der Kooperation mit den internen Kunden (2)
und Umsetzungsballast bei neuen Entscheidungen	Know-how als Erfolgsfaktor dominieren (2) unternehmensinterne Planwirtschaft – Monopolstellung der Stäbe und Zentralbereiche – Abnehmer haben keine Wahlmöglichkeit sind „betroffene Praktiker". Das heißt für ihre Leistungen – begrenzte Vielfalt und hohe Berechenbarkeit (z.B. zentrale EDV „Experten in den weißen Mänteln"): Stäbe als Experten, die wissen, was für andere gut ist, sind Berater und Kontrolleure und daher Machtfaktor (Nähe zum Top-Management) und Entlaster (Vor- und Nachdenker für Unternehmenspraxis)
Flottenverband mit Mutterschiff – dynamischer Markt („moving target") (1) Strategien ersetzen als abstraktere Orientierungsgröße für Entscheidungen Ziele und Pläne (2) flexiblere Organisationsmodelle wie Holding- und Geschäftsfeldgliederungen treten an die Stelle der Hierarchie: – dezentrale Selbststeuerung mit integrierender Zentrale. Wichtiger Erfolgsfaktor: Empowerment der Mitarbeiter und unternehmerisches Denken auf allen Ebenen gewinnt an Bedeutung; der Preis: Entscheidungsunsicherheit im Unternehmen und Kommunikations- und Aushandlungsbedarf nehmen deutlich zu – erste Elemente von Marktwirtschaft kommen ins Unternehmen	(1) Geburtsstunde der internen Dienstleister; ihre Funktion liegt in der Expertise, ihrem Fach-Know-how und ihrem Prozeß-Know-how. Mit der allmählichen Dezentralisierung von Entscheidungskompetenzen gehört zu ihrer Aufgabe das Verknüpfen von Top-down- und Bottom-up- Prozessen, das Integrieren und Vermitteln zwischen den autonomen Bereichen und dem Unternehmensganzen. Wachsende Vielfalt interner Dienstleistungen (Fach- und Prozeßberater für das Top-Management als zentraler interner Dienstleister oder für autonome Bereiche als dezentraler interner Dienstleister) (2) In dieser Entwicklungsphase

Merkmale des internen Marktes – woran orientieren sich Entscheidungen (1) und wie organisiert sich das Unternehmen (2)	Funktion interner Dienstleister (1) und Merkmale der Kooperation mit den internen Kunden (2)
	agieren interne Dienstleister oft in konflikthaften Dreiecken (z.B. EDV zwischen integrierender Standardlösung und Insellösungen/Maßschneiderei). Etwas Marktwirtschaft – aber doch noch unter dem Schirm des Mutterschiffs: vermittelnder Protektionismus als Kooperationsrahmen heißt, daß dieser Mix aus Stabsexperte und internem Dienstleister ein Tanz zwischen Macht (Topmanagement) und Ohnmacht (hilfloser Helfer) ist – die Abnehmer der internen Dienstleister sind Betroffene und bereits Mitgestalter – ohne ihre Mitwirkung können IDL nicht erfolgreich arbeiten. Die Beziehung zwischen IDL und ihren Abnehmern ändert sich radikal – letztere werden allmählich zu Mitwirkenden, d.h. zu Kunden mit Wahlmöglichkeit. (z.B. Organisationsentwicklungsabteilungen)
Verbund kleiner, flexibler Partnerschiffe – turbulente Märkte	
(1) Sinn und Vision als Orientierung für Entscheidungen erfordern jeweils intensives effizientes und qualitätsvolles Aushandeln der jeweils zu treffenden operativen Entscheidung. Das bedeutet, daß innovative Technologien und fachliche, soziale und organisatorische Mitarbeiterkompetenzen für solche Unternehmen von entscheidender Bedeutung sind. (2) Netzwerkorganisation bedeutet, daß gleichberechtigte Einheiten	(1) Interne Dienstleister agieren in diesem Kontext zum ersten Mal auch als Wissensmanager, soziale Organisationsarchitekten, Coach und Kompetenz-Center. Ihre Aufgabe ist es, Rahmen, Methoden, Wissen und die jeweils notwendige Unterstützung für die effiziente Selbststeuerung der Netzwerkpartner im Unternehmen zu sichern (inklusive Technologie und Infrastruktur). (2) Die operative interne Dienstleistung erledigt die Linie entweder

Merkmale des internen Marktes – woran orientieren sich Entscheidungen (1) und wie organisiert sich das Unternehmen (2)	Funktion interner Dienstleister (1) und Merkmale der Kooperation mit den internen Kunden (2)
partnerschaftlich und lose – aber doch verbindlich – miteinander verkoppelt sind und zentrale Aufgaben flexibel jeweils dezentral oder über gemeinsame Prozesse gesteuert werden, d.h. hohe Autonomie der Partner verbunden mit Anreizen auch für den Erfolg des Ganzen. Integration geschieht durch Aushandeln – pointiert gesagt: hier ist jeder sein eigener Unternehmer, abgestützt durch stabile Kommunikationsnetzwerke (Repersonalisierung und Retechnologisierung).	selbst, wenn Marktnähe wichtig ist, oder sie wird zentral durchgeführt, wenn Standards und Integration wichtig sind oder ausgelagert, wenn die Expertise außerhalb kostengünstiger und effizienter ist. Die Rollenvielfalt ist hier am größten. Der Rahmen für ihre Leistungen ist marktwirtschaftlich – (oft Profitcenterorientierung bzw. Leistungsverrechnung). Internen Dienstleistern stehen gleichberechtigte Kunden mit Wahlmöglichkeit gegenüber – die Kunden sind Prosumenten, d.h. Mitproduzenten und Konsumenten der internen Dienstleistung. Die Kooperation erfodert sorgfältiges Aushandeln und Contracting (Kommunikations- und Zeitbedarf besonders zu Beginn!), weil die Rollenvielfalt und die inhaltlichen Optionen groß sind. IDL müssen sich auf dem Markt bewähren, d.h. Marketing betreiben, ihre Arbeit auswerten (Controlling) und wettbewerbsfähig bleiben. (Benchmarking-Vergleiche mit anderen). Damit entsteht ein radikal neues Anforderungsprofil für interne Dienstleister: Fach-, Prozeßexperten, Wissensmanager und -entwickler und Organisationsarchitekt, Coach. (Beispiel: Unternehmensplanung durch Stäbe wird hier zum gesteuerten und methodisch strukturierten Prozeß der Unternehmensentwicklung, an dem die IDL als Experten, Architekten und Coaches und die „Praktiker"/Umsetzer mitwirken.)

Was die Klarheit der Positionierung interner Dienstleister auf der Landkarte nun erschwert, ist die Tatsache, daß ein- und derselbe interne Dienstleister oft in mehreren Feldern der Landkarte zugleich tätig ist, und damit in verschiedenen Rollen und unterschiedlichen Kooperationsrahmen agiert. Zugleich findet die Kommunikation, das Aushandeln bzw. Klären des dann auch jeweils unterschiedlichen Erfolgsverständnisses interner Dienstleistungen und des unterschiedlichen Zusammenspiels mit dem internen Kunden oft nicht statt bzw. Auseinandersetzungen darüber werden eher vermieden. So wird im EDV-Bereich z.B. das Rechenzentrum und eine „Hotline" geführt (operative Durchführung), Fachberatung für Anwendungen erbracht (Stabsexpertise), die Umsetzung von EDV-Strategien und -projekten unterstützt (Prozeß- und Fachberatung) und strategische Technologiearchitektur und Competence Center für dezentrales Informationsmanagement geschaffen.

Darüber hinaus geht natürlich insgesamt auch bei den internen Dienstleistern der Trend in Richtung mehr Chaos und Komplexität. Damit wächst auch der Professionalisierungsbedarf für interne Dienstleister markant. Das Fach-Know-how alleine reicht schon lange nicht mehr aus. Viele IDL stehen also vor der Situation, ihre eigene Kompetenz als Person und Organisationseinheit radikal zu erweitern und sich zugleich oft zum ersten Mal „vermarkten" zu müssen.

Ein zweites Beispiel – der Personalbereich kann interne Dienstleistungen in allen Bereichen erbringen: Personaladministration (Lieferant – operatives, möglichst effizientes Durchführen), Schulungsprogramme und Mitarbeitergespräche entwickeln und „verordnen" (Stab, Experte), Assessment Center gestalten, Personalentwicklungs- und Traineeprogramme organisieren und koordinieren (Fach- und Prozeßberatung), flexible Leistungsanreizsysteme entwickeln und einführen, die dezentrale Selbststeuerung fördern, Coaching und Workshops für Linienmanager zu aktuellen Themen des Human Resources Management anbieten (sozialer Architekt, Coach, Competence Center). Für eine Planungsabteilung hießen die verschiedenen Komplexitätsstufen: selber operativ planen, was das Management vorgibt (effizient durchführen), als Planungsexperte das Top-Management beraten (Stab), einen Planungsprozeß inhaltlich und methodisch zu steuern durch Integration von Top-Down und Bottom-Up Inputs (vermittelnder Protektionismus), bis hin zu einer Planung, wo die interne Dienstleistung darin besteht, Rahmendaten und wichtige Inputs zu Szenarien und gemeinsamer Zukunftsorientierung in einem intensiven Kommunikationsprozeß zu verarbeiten (Planung als Prozeß der Unternehmensentwicklung).

Je nachdem, wo eine interne Dienstleistung sich auf der Landkarte positioniert, ist

- ihre Funktion und ihr Nutzen unterschiedlich und

- eine andere Art der Kooperation mit dem Abnehmer sinnvoll: von stabil und geschlossen (Planwirtschaft) bis hin zu agil und offen, mit der Notwendigkeit gemeinsamer Verhandlungs- und Gestaltungsarbeit (Marktwirtschaft).

Die wachsende Vielfalt interner Dienstleister erfordert nicht nur klarere Markteinschätzung und Positionierung ihrer Aktivitäten, sie erfordert auch einen Professionalisierungsschub – Prozeß-, Beratungsknowhow gewinnen ebenso an Bedeutung wie unternehmerisches Managementwissen (Strategie, Marketing, Controlling, Organisation des eigenen Leistungsportfolios). Darüber hinaus geht es aber um „Organisationslernen", um das Entwickeln und Einüben vielfältigerer Kooperationsformen mit den internen Kunden als bisher. Das bedeutet, daß sich die internen Kunden nolens-volens mitentwickeln müssen, also z.B. nicht mehr bei Bedarf, weil's so bequem ist, alles Unangenehme von der Linie zurück an die interne Dienstleistung delegieren – eine Entwicklung in Unternehmen, die notwendigerweise konflikthaft ist. Mit diesen Konflikten kommt in der Unternehmenspraxis sehr schnell die Frage nach dem inhaltlichen Nutzen von interner Dienstleistung ins Spiel.

**Stolpersteine im Selbstverständnis interner Dienstleister –
Die wechselseitige Abwertungsspirale**

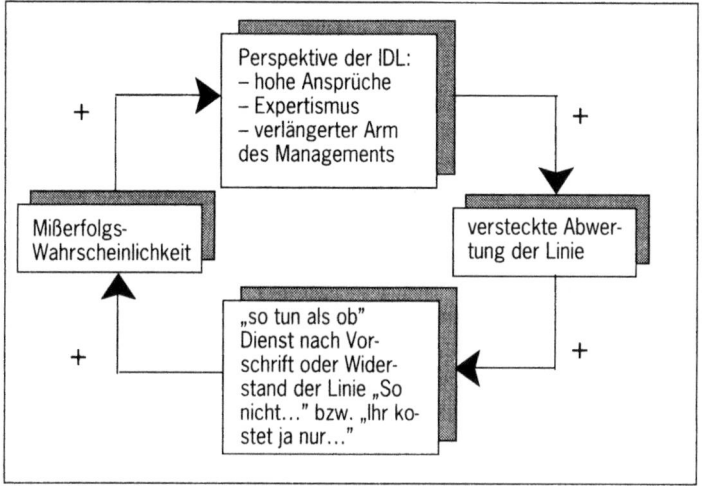

Der Streit um den Nutzen und Erfolgsbeitrag interner Dienstleister – der relationale Leistungsbogen

Der Streit um den Nutzen interner Dienstleistung wird besonders deutlich, wenn man sich die typischen Stolpersteine in ihrem Selbstverständnis betrachtet.

Die Abbildung oben zeigt den Teufelskreis der Abwertungsspirale zwischen Linienmanagement und internen Dienstleistern. Das sei an einigen Beispielen illustriert: die EDV, oft mit hohen Ansprüchen, will Experte für alles sein und wertet damit versteckt die Linie ab („die wissen ja gar nicht, was sie wollen ..."), was zu Rückzug und Widerstand der Linie führt und Mißerfolge von

EDV-Vorhaben wahrscheinlicher macht. Ein anderes häufig zitiertes Beispiel sind die Marketingexperten, die dem Vertrieb gut meinend Tips geben: „richtig ist ...", oder „ihr solltet ..." oder die Personalabteilung, die sich heikle Personalentscheidungen von dem Linienmanagement rückdelegieren läßt („im Auftrag des Topmanagement ...").

Auch hier kommt die Frage der jeweiligen Funktion und Kooperationsgestaltung ins Spiel, aber auch die des jeweiligen Nutzens, der im Rahmen des Contracting, des internen Aushandelns herauszuarbeiten ist. Aus einem solchen sich selbst verstärkenden Abwertungsmuster kommt man am ehesten durch realistische Nutzendiskussionen heraus. Den oft gehörten Einwand gegen interne Dienstleister, daß sie ja keinen Ertrag im üblichen Sinne erwirtschaften, keinen Kundenumsatz generieren, nur Kostenfaktor seien, gilt es zu relativieren – nähme man ihn ernst, wären interne Dienstleistungen schlicht und einfach wegzurationalisieren.

Zugleich geht es aber auch darum, den Beitrag der jeweiligen internen Dienstleister zum Unternehmenserfolg auf den Prüfstand zu stellen. Denn die Zeiten unternehmensinterner Planwirtschaft und des Protektionismus haben die Stäbe und Zentralbereiche ja lange vor selbst regulierenden Mechanismen kunden- und effizienzorientierter Leistungsgestaltung „bewahrt" und eher zur Ausweitung und innengesteuerten Spezialisierung ihres Portfolios beigetragen.

Den jeweiligen Nutzen einer internen Dienstleistung herauszuarbeiten und Orientierung für die Priorisierung von internen Dienstleistungen zu bieten (welche brauchen wir bzw. welche können wir „ungestraft" weglassen), das sind die wesentlichen Positionierungsfragen nach der erfolgten ersten Orientierung auf der Komplexitätslandkarte.

Der relationale Leistungsbogen (in Anlehnung an Kaplan/Norton) bietet ein solches Instrumentarium. Er bezeichnet vier Gestaltungsdimensionen, in denen Unternehmen aktiv sein müssen, um ihre Gegenwart und Zukunft erfolgreich zu gestalten.

Der relationale Leistungsbogen (in Anlehnung an Kaplan/Norton)

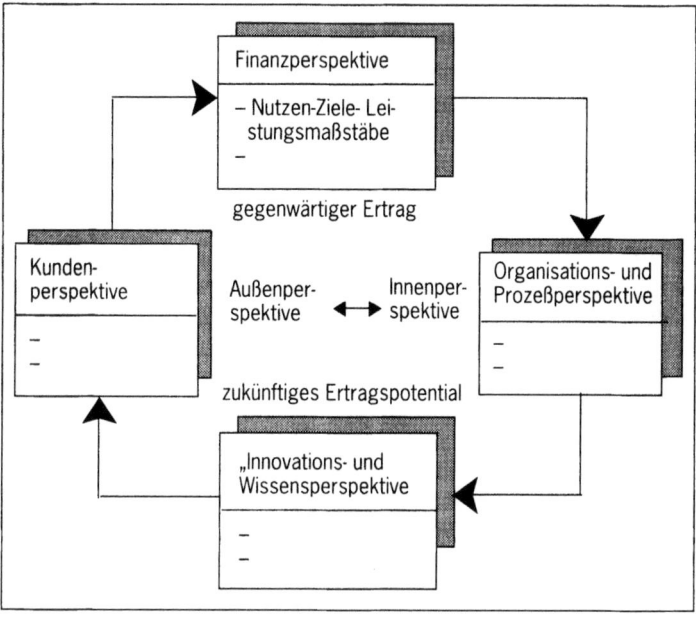

Alle Unternehmensaktivitäten – egal ob solche direkter oder indirekter Wertschöpfung – können am Nutzen, den sie jeweils in jeder der vier Dimensionen erbringen – eingeschätzt und bewertet werden. Bei der Kundenperspektive geht es um die Frage, wie ein Unternehmen von den Kunden gesehen werden möchte, welchen Kundennutzen es erbringen möchte und es geht darum, wie dieser Nutzen in Leistungszielen (Zeit, Qualität, Produkt- und Serviceleistung, Kundenbindung ...) und -maßstäben konkretisiert und vereinbart wird.

Die Finanzperspektive fokussiert die Kapital- und Ertragskraft des Unternehmens und stellt, je nach Entwicklungsphase des Marktes und des Unternehmens, unterschiedliche Ziele und Maßstäbe in den Vordergrund (Cashflow, Umsatz- bzw. Ertragswachstum, Marktanteil, Eigenkapitalrendite ...).

Die Innenperspektive mit dem Blick auf die Organisation und relevanter Unternehmensprozesse etc. fokussiert die Frage, worin ein Unternehmen hervorragend sein muß (Vision und Kernkompetenzen als Orientierung) – hier geht es darum, das Selbstentwicklungspotential der Organisation zu fördern, und darum, die relevanten Unternehmensprozesse und die Technologiearchitektur des Unternehmens optimal zu gestalten, es geht um effizientes Ressourcenmanagement, um Produktivität, Human Resources Management etc.

Die Innovations- und Wissensperspektive läßt den Blick auf die Zukunft und die Frage richten, wo und wie Unternehmen sich weiterentwickeln und zukünftig Wert schaffen.

Worin liegen nun die Stärken des relationalen Leistungsbogens als Arbeits- und Diskussionspapier?

Jede Unternehmensaktivität kann auf alle vier Dimensionen hin „geortet" werden. Das verdeutlicht die Nutzenvielfalt mancher Unternehmensaktivität und kann im Gesamtbild, bei der Priorisierung von internen Dienstleistungen helfen und auch die Balance der Unternehmensaktivitäten zwischen allen Nutzendimensionen sicherstellen.

Wenn Unternehmen beispielsweise nur auf Kunden- und Finanzperspektive setzen („Cash Cows", „Absahnen"), kommt die Zukunftsvorsorge zu kurz: Aktivitäten, die primär Kunden- und Innovationsperspektive in den Vordergrund stellen, also sich etwa auf maßgeschneiderte einmalige Pionierprojekte konzentrieren, sind eventuell doch zu überdenken. Dasselbe gilt für „Spezialistenautismus", der die Perfektion der Organisation und des eigenen Wissens, nicht aber die Finanzseite und die Kunden- und Marktsicht im Auge hat.

Jedenfalls erfordert das Modell durch das Entwickeln und Aushandeln gemeinsamer Nutzenvorstellungen integrierende Kommunikation im Unternehmen zwischen Top- und Linienmanagement und den IDL und sichert einige wesentliche Erfolgsfaktoren für interne Dienstleister: Es führt zu Integration und gemeinsamem Verständnis über den Nutzen, es hilft bei der Priorisierung und Konzentration auf die wichtigsten internen Dienstleistungen, es begrenzt den Aushandlungsprozeß auf vier wichtige Dimensionen und schützt bei der Gesamtsicht vor der Suboptimierung durch die problematische Überbewertung eines Bereichs (Gesamtbalance). Zugleich stellt es sicher, daß auch für IDL die externe Kundenperspektive mitgedacht wird.

Der relationale Leistungsbogen fördert Nutzenvielfalt, er verbindet gegenwärtige und zukünftige Erfolgsmaßstäbe und Innen- und Außenorientierung (lernende Organisation) und ermöglicht eine flexible Balance der Nutzendimensionen. Vor allem aber löst er das Abwertungsmuster zwischen „direkter Wertschöpfung" und „indirekter Wertschöpfung der internen Dienstleistung" auf. Nun kann der jeweilige Nutzen nach seiner Qualität in unterschiedlichen Leistungsdimensionen bemessen werden, und das ist ja bekanntlich bei Dienstleistungen um einiges schwieriger als bei Produkten, die wir „anfassen" können.

Qualität ist nicht gleich Qualität – Kundenorientierung interner Dienstleistungen

Was sind die relevanten Qualitätsdimensionen für den jeweiligen Kundennutzen? Um diese Frage zu beantworten, ist es hilfreich, Dienstleistungen zu differenzieren nach der Intensität ihres Kontaktes mit dem Kunden einerseits und dem Grad der Anpassung, der Maßschneiderei für den Kunden andererseits.

Je nachdem, wo die interne Dienstleistung positioniert ist, sind unterschiedliche Qualitätsdimensionen relevante Leistungsparameter für die internen Kunden. Zunächst jedoch ein paar zur Klärung der Qualitätsdimensionen: Ergebnisqualität bezieht sich auf das Was, auf die erhaltene Qualität der Dienstleistung, die

Kundenorientierung
Ergebnis-, Prozeß-, Potentialqualität?

	niedrig ← Grad der Anpassung an den Kunden → hoch
hoch (Intensität des Kundenkontaktes)	Prozeß/Beziehung Ergebnis II z.B. Kantine, Standardseminare	Potential Prozeß/Beziehung Ergebnis IV z.B. Beratung, Personalentwicklung, Informationsstrategie entwickeln
niedrig	Ergebnis I z.B. Hausverwaltung, Lohnabrechnung, Wartung	Potential Ergebnis III z.B. EDV-Hotline

Prozeß- und Beziehungsqualität auf die erfahrene Qualität und damit auf das Wie (Prozeß- und Kooperationsgestaltung, Umfeld, in dem IDL erbracht wird, Relationenmanagement ...). Die Potentialqualität bezeichnet die erwartete, noch mögliche Qualität, also auch das zukünftig realisierbare Problemlösungs- und Kooperationspotential des Dienstleisters für den Kunden.

Je nach Dienstleistungstyp stehen nun, wie die Abbildung oben zeigt, andere Qualitätsdimensionen als Leistungsparameter im Vordergrund. Es ist ein interessantes Exempel für jeden internen Dienstleister, seine Aktivitäten in diesem Portfolio zu positionieren. Alle Leistungen im Feld I sind tendenziell Outsourcing Kandidaten (Hausverwaltung), geht es doch darum, ein bestimmtes Ergebnis möglichst effizient zu erzielen – das können externe

Spezialisten oft besser (Größenvorteile). Hier steht also nur die Ergebnisqualität im Vordergrund. Aktivitäten aus dem Feld II erfordern ebenso hohe Effizienz, ihre Chance liegt im Aufbau enger Kundenbindung (Auslagerung nur, wenn langfristige enge Kooperation gesichert ist – z.b. Betriebskantine). Die Qualität solcher IDL wird am Ergebnis ebenso wie an dem Prozeß der Dienstleistung und der Gestaltung der Kundenbeziehung bemessen. Aufgaben im Feld III, wo Ergebnis- und Potentialqualität im Vordergrund stehen, sind oft wichtig für den Unternehmenserfolg, erfordern jedoch oft spezielles Marketing, weil die Potentialqualität Vorhaltewissen und -ressourcen erfordert, das aber nur bei Bedarf abgerufen wird, aber jedenfalls Bereitstellungskosten verursacht (EDV-Hotline). Alle Aktivitäten im Feld IV sind das wichtigste Zukunftspotential für interne Dienstleister. Hier geht es darum, Wissensentwicklung und Kundenbindung zu verknüpfen, hier ist der Beitrag zur Wertschöpfung am größten und der interne Dienstleister kaum ersetzbar, oft ein wichtiger Faktor für das Entwickeln und Pflegen von Kernkompetenzen und -prozessen des Unternehmens und enger Kooperationspartner des internen Stammkunden – alle drei Qualitätsdimensionen: Ergebnis, Prozeß/Beziehung und Potential – sind hier zu konkretisieren und zu pflegen.

Gestaltungsstrategien für innovative interne Dienstleister

Zum Abschluß ein paar Ideen und Orientierungsfragen für die Praxis IDL, die die diskutierten Arbeitsinstrumente abrunden:

Entwickeln Sie Szenarien für sich – auf der grünen Wiese – losgelöst von der gegenwärtigen Situation: Wie würden Sie Ihren Markt beschreiben, welche Trends sehen sie (Komplexitätslandkarte)? Wer wären Ihre Kunden? Welche Dienstleistungen würden Sie neu/anders/nicht mehr anbieten (relationaler Leistungsbogen und Qualitätsmatrix zur Kundenorientierung)?

Welche unterschiedlichen Kooperationsmodelle mit Kunden entwickeln Sie für welche Dienstleistungen? (Abnehmer werden erst Kunden, wenn sie wählen können; Stäbe und Zentralbereiche werden erst Dienstleister, wenn sie ihr Angebot gestalten, also auch „nein" sagen können). Der Vergleich macht Sie sicher: Suchen Sie sich kompetente Mitbewerber, andere interne oder externe Anbieter, mit denen Sie sich proaktiv vergleichen.

Achten Sie auf die Balance zwischen „Plan- und Marktwirtschaft", die für Ihre internen Dienstleistungen in Ihrem Unternehmen „paßt". Zuviel Plan macht starr und marktfern, Planwirtschaft schafft aber auch Stabilität, Entlastung und standardisierte Integration. Marktwirtschaft fördert Wettbewerb, Selbststeuerung und Nutzenorientierung hat aber auch ihren Preis: Komplexität und Aushandlungsprozesse.

Entwickeln Sie Wertschöpfungspartnerschaften mit internen Kunden oder anderen internen Dienstleistern (z.B. Personal, Organisation, Unternehmenskommunikation). Sorgen Sie für einen kontinuierlichen – auch qualitativen – Controlling- und Strategieentwicklungsprozeß Ihrer Aktivitäten – sozusagen als „work in progress". Weg von starren Konzepten von Schritt 1 bis 10 – stattdessen ankoppeln an aktuelle Nachfrage (Mosaikmanagement mit eigener Vision und schnellen sichtbaren Erfolgen verbinden).

Setzen Sie das Prinzip des gegenseitigen Nutzens als Marketingmaxime.

Literatur:

Boos, F.:
　Planlose Planung? Zur Steuerung von Unternehmen durch Planung. In: Wimmer, R. (Hrsg.): Organisationsberatung. Wiesbaden (Gabler) 1992
Bruhn M., Strauss B. (Hrsg.):
　Dienstleistungsqualität. Wiesbaden (Gabler) 1991.

Hamel, Prahalad:
  Nur Kernkompetenzen sichern das Überleben. in: Harvard-Manager 2/91.
Hammer, Champy:
  Business Reengineering. Frankfurt 1994.
Heitger, B.:
  Chaos-Management – Zur Karriere eines Begriffs. In: Breuer, R. (Hrsg.): Der Flügelschlag des Schmetterlings – ein neues Weltbild durch Chaosforschung, Herne 1993
Heitger, B.:
  Von der Weiterbildung zum Wissensmanagement – Skizzen für ein unternehmerisches Human Resources Development. in: Hofmann, Regnet (Hrsg.): Innovative Weiterbildungskonzepte. Verlag für angewandte Psychologie 1994.
Heitger, B./Jarmai, H.:
  Unternehmen in der Krise? – Organisation als Erfolgsfaktor. In: Heitger, B., Boos, F. (Hrsg.): Organisation als Erfolgsfaktor. Wien (Service Fachverlag) 1994
Heitger, B./Königswieser, R.:
  „Die tollen Männer in den Seifenkisten". Systemische Beratung zur Einführung Strategischer Geschäftsfelder. in: Grossmann, Krainz, Oswald (Hrsg.): Veränderung in Organisationen. Wiesbaden, 1994.
Heitger, B./Schmitz, Ch./Zucker, B.:
  ... Über den Stab brechen? – Die Zukunft interner Dienstleister. in: Heitger, Gester, Schmitz (Hrsg.): Managerie. Systemisches Denken und Handeln im Management. 2. Jahrbuch. Carl Auer Verlag, Heidelberg 1993.
Kaplan R., Norton D.:
  In Search of Excellence – der Maßstab muß neu definiert werden. in: HarvardManager 4/92.
Königswieser, R./Lutz, Ch.:
  Planung – Korsett oder Experiment? In: Gottlieb Duttweiler Institut (Hrsg.) : GDI Impuls. Rüschlikon 3/1993
McKenna:
  Relationship Marketing.Massachusettes 1991.
Moore, J.:
  Predators and Prey: A New Ecology of Competition. In: Harvard Business Review May – Juni 1993

Perry, L. T. u.a.:
　Real-Time Strategy. New York (John Wiley & Sons) 1993
Quinn, J.B.:
　Intelligent Enterprise.New York 1992.
Senge, P. M.:
　The Fifth Discipline; The Art and Practice of The Learning Organization. New York (Doubleday) 1990
Wimmer, R.:
　Wozu brauchen wir ein General Management? In: Hernsteiner 3 (Wien) 1993

Organisation zentraler Aufgaben in einem vertikal strukturierten Unternehmen

Werner von Wartburg

„Ciba ist ein führendes weltweit tätiges Unternehmen mit Hauptsitz in der Schweiz. Mit unserem innovativen Angebot hochwertiger biologischer und chemischer Produkte entsprechen wir Bedürfnissen im Gesundheitswesen, in der Landwirtschaft und in der Industrie. Durch ein ausgewogenes Verhältnis unserer wirtschaftlichen, gesellschaftlichen und ökologischen Verantwortung wollen wir nachhaltiges Wachstum sicherstellen. Eigenverantwortliche Mitarbeiter und eine flexible Organisation unterstützen uns im Bestreben nach besonderen Leistungen."

Ciba erzielte im Jahre 1993 weltweit mit 87 000 Mitarbeitern einen konsolidierten Umsatz von 22,6 Mia. SFr. Diese Positionierung des Unternehmens ist das Resultat der Erarbeitung der Vision 2000, welche die Konzernleitung im Jahre 1989 ausgelöst hat. Sie dient der Klärung unserer Position im Markt und in der Umwelt, welche zu einer Neudefinition der strategischen Ausrichtung des Gesamtkonzern führte. Dem schloß sich die Suche nach einer entsprechenden Organisationsform an.

Die Neuorganisation des Gesamtkonzerns wurde in den ersten Monaten 1990 von einer Projektorganisation, bestehend aus ca. 65 Mitarbeitern des obersten Kaders unter der Leitung des Vorsitzenden der Konzernleitung, erarbeitet und auf den 1. Juli 1990 in Kraft gesetzt. Im folgenden werden zunächst die Primärziele der „Organisation 90" und die unternehmerische Gliederung dargelegt und dann auf die daraus folgenden Veränderungen in den Rollen der Dienstleister eingegangen. Dabei wird das Konzept der Differenzierung der Dienstleistungen erläutert, gleichzeitig aber auch anhand von Beispielen über die bisher gemachten Erfahrungen berichtet.

Seit 1992 wurden jährlich in einigen neugestalteten Dienstleistungsbereichen und für firmenübergreifende Tätigkeiten sogenannte Fortschritts- und Erfolgskontrollen durchgeführt mit dem Auftrag, festzustellen, inwieweit die durch die veränderte Organisation angestrebten Ziele erreicht wurden und ob aufgrund veränderter Verhältnisse Anschlußmaßnahmen vorzunehmen sind. Bei Dienstleistern wird sachgemäß der Beurteilung durch die Kunden erste Prioriät beigemessen.

Zielsetzungen und neue Konzernorganisation

Die Organisation, als Mittel zum Zweck, soll die Voraussetzungen schaffen, um unsere drei gleichrangigen Ziele der Vision 2000, wirtschaftlicher Erfolg, soziale Verantwortung und Schonung der Umwelt, zu erfüllen. Sie soll die angestrebte Umgestaltung der Unternehmenskultur im Sinne von gerichteter Eigenständigkeit (directed autonomy) und Ermächtigung (empowerment) unterstützen sowie eine generelle Dynamisierung des Unternehmens ermöglichen. Damit werden Rahmenbedingungen geschaffen, um auf das Geschäft ausgerichtete übergeordnete Ziele wie Kundenorientierung, Innovation und Qualität zu erreichen.

Insbesondere wurden angestrebt:

- eine nach Verantwortungen und Beziehungen klar geordnete, differenziert gestaltete Aufbau- und Ablauforganisation, die genügend Flexibilität bietet, um sich den Veränderungen in den Märkten anzupassen,

- eine mitarbeiterfreundliche Organisation mit ganzheitlichen Aufgabenzuteilungen, Freiräumen für kreative Leistungen und unternehmerisches Verhalten,

- eine Organisation, welche die Wahrnehmung der Verantwortung des Unternehmens auf allen Stufen unterstützt, die Erbringung von Leistungen zur Befriedigung der Markt- und Kundenbedürfnisse und die Beurteilung dieser Leistungen ermöglicht.

Die Aufbaustruktur des Ciba Konzerns folgt den folgenden Prinzipien (siehe untenstehende Abbildung):

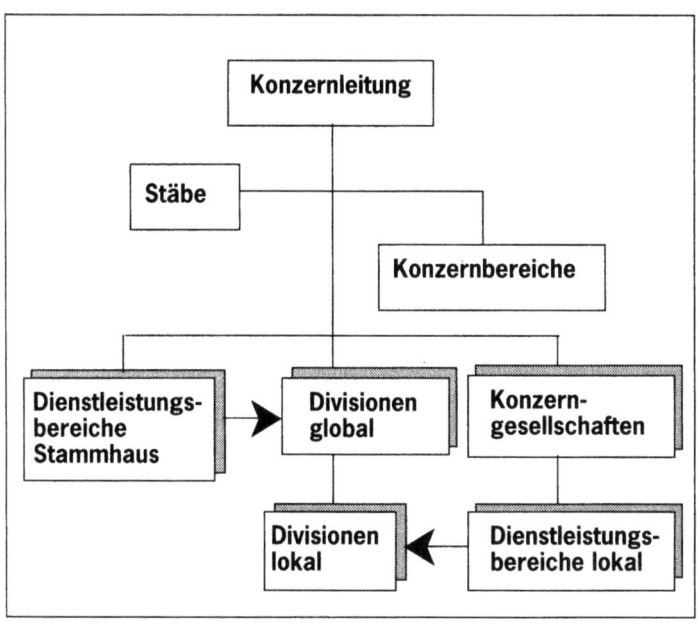

- Der Konzern wird als eine wirtschaftliche Einheit geführt: also nicht als Holding.

- Die Hauptdimension der Gliederung ist das Geschäft, was konkret zu 14 weitgehend autonomen Divisionen führt (siehe untenstehende Abbildung), welche im Rahmen des Konzern-Portfolios eine integrale und globale Verantwortung für die Geschäfte in je einem definierten Markt wahrnehmen.

- Die zweite Dimension ist die Geographie mit einer Vielzahl von lokalen Organisationen in den Ländern und Regionen, seien es divisionale Gesellschaften oder sogenannte Konzerngesellschaften, die ein organisatorisches Dach für die Tätigkeiten mehrerer Divisionen bilden.

Die Geschäftsbereiche und Divisionen der Ciba

Gesundheitswesen:	Pharma
	Self Medication
	Diagnostika
	Ciba Vision
Landwirtschaft:	Pflanzenschutz
	Tiergesundheit
	Saat
Industrie:	Textilfarbstoffe
	Chemikalien
	Pigmente
	Additive
	Polymere
	Composites
	Mettler Toledo

- Grundsätzlich sind alle für die Geschäftstätigkeit notwendigen Leistungen durch eine Division selbst zu erbringen. Ausgehend von ihrer Resultatverantwortung entscheidet die Division, wo dies nicht sinnvoll ist und sie bestimmte Leistungen als Dienstleistung bei einer anderen Division oder einem zentralen Dienstleistungsbereich beziehen will. Falls das Angebot eines Dienstleistungsbereiches nicht den Anforderungen entspricht, können die Divisionen Dienstleistungen von Dritten beziehen.

- Die Konzernleitung wird in ihren Führungsaufgaben unterstützt durch Stäbe und Konzernbereiche als Kompetenzzentren.

Aus diesen Prinzipien sind die im folgenden näher zu betrachtenden Dienstleistungen definiert.

Dienstleister

Unter Dienstleistungen sollen all jene Tätigkeiten verstanden werden, welche im Unternehmen erbracht werden, damit andere Unternehmensbereiche und Stellen ihre primäre Aufgabe, meist nach außen gerichtet, erfüllen können. Dabei können diese Leistungen unternehmensintern oder durch Dritte erbracht werden. Diese Gesamtmenge zerfällt nach dem bei Ciba realisierten Konzept in zwei ihrem Charakter und ihrer Verantwortung nach verschiedene Gruppen:

- Dienstleistungen (Services), welche nachgefragt werden, um die an den Kunden abzugebende Wertschöpfung zu erzeugen, wie z.B. analytische Prüfungen, Betrieb der Informationssysteme, Einkauf. Diese Leistungen sind entweder mengenmäßig proportional zu den von der Division erzeugten Produkten und Leistungen oder sie bestehen in der Bereitstellung von Anlagen und Verfahren, welche der Wertschöpfung dienen. Man spricht hier von Dienstleistungen dann, wenn die

Tätigkeiten so organisiert sind, daß mehrere Abnehmer sie unabhängig voneinander in Anspruch nehmen können.

■ Leistungen, welche die Konzernleitung in der Führung des Unternehmens unterstützen (Support) bei der Wahrnehmung ihrer eigenen Aufgaben und bei der Durchsetzung der horizontalen Strategien im Unternehmen. Beispiele hiefür sind Unternehmensplanung, Human Resources. Umfang und Menge dieser Tätigkeiten bestimmen sich somit nach dem Bedarf der Konzernleitung, sie können auch nicht von Dritten bezogen werden.

Die heutigen Dienstleistungsbereiche sind entstanden aus den vormaligen „zentralen Funktionen". Diese erbrachten von den Divisionen angeforderte Dienstleistungen und nahmen gleichzeitig funktionale Aufgaben wahr. Ausgestattet mit funktionalen Weisungsbefugnissen bildeten diese eine dritte organisatorische Dimension im Konzern, neben der Gliederung in Geschäfte und der geographischen Gliederung. Dadurch bestanden viele Schnittstellen mit entsprechendem Bedarf an Kompetenzabgrenzung; der Flexibilität und Entscheidungsfreudigkeit war diese Konstellation nicht förderlich. In den zentralen Funktionen wurden auch die Kundeninteressen mit den Interessen der Gesamtfirma vermischt. Das auch in andern Firmen bekanntes Gemeinkosten-Phänomen zeigte sich darin, daß die Tätigkeiten der zentralen Funktionen ca. 40 Prozent des Stammhauspersonalbestandes ausmachten, wovon lediglich die Hälfte nach mehr oder weniger transparenten Schlüsseln von den Divisionen bezahlt wurde.

Mit der Reorganisation wurde die dritte organisatorische Dimension eliminiert, die funktionalen Weisungsbefugnisse aufgehoben. Damit wurden eine jahrelange, stabile Arbeitsweise und auch Tätigkeitsgebiete in Frage gestellt, was von manchen Dienstleistern zunächst als empfindliche Einbusse erlebt wurde. Leitung und Mitarbeiter von Dienstleistungsbereichen sollten dafür mehr Eigenständigkeit und Entscheidungsspielraum erhalten, damit sie flexibler und agiler würden. Um diese Ziele zu erreichen wurden die Aufgaben fokussiert und die Art der Zusammenarbeit differenziert ausgestaltet. Dienstleistungen werden heute erbracht:

- integriert in den Divisionen,

- in zentralen Dienstleistungsbereichen, welche nachgefragte Leistungen für die Division erbringen,

- in Konzernbereichen, welche sich im Rahmen eines vorgegebenen Leistungsauftrages („Mission") Aufgaben von konzernweiter Bedeutung widmen und

- in Stäben, welche als Führungsgehilfen eine direkte Unterstützung der Konzernleitung darstellen.

Dienstleistungen in den Divisionen

Eine erste Möglichkeit, Dienstleistungen flexibel und in quantitativer wie in qualitativer Hinsicht den Bedürfnissen entsprechend zu gestalten besteht darin, diese nicht mehr von andern Bereichen zu beziehen, sondern direkt in das divisionale Geschäft zu integrieren. Kriterien dafür sind:

- eine wesentliche, mit Produkte- oder Verfahrens-Know-how gekoppelte Funktion,

- eine Tätigkeit, welche für eine Division als Teil des Geschäftsprozesses eine strategische Bedeutung hat,

- die qualitative Verbesserung einer Tätigkeit, die eine direkte Auswirkung auf die Qualität der Geschäftsleistung beim Kunden hat und

- die Steuerung der Kosten durch Ausrichtung auf das Notwendige und Durchlaufzeit-relevante Koordination.

Die die Dienstleistung erbringenden Mitarbeiter werden damit nahe zum eigentlichen Geschäft gebracht, sie sind am Erfolg ihrer

Division beteiligt. Zweck und Anforderungen der zu erbringenden Leistung werden direkt einsehbar.

Im Bereich der Produktion wurden die markantesten Änderungen in Richtung Integration vorgenommen. Zwei Werke wurden vollständig, inklusive aller sich geographisch am selben Ort befindlichen Dienstleistungen je einer Division zugeteilt. In den verbleibenden multidivisionalen Werken wurden die Produktionsbereiche und das damit zusammenhängende Betriebsengineering in die Divisionen integriert nach dem „plant-within-the-plant"-Konzept: divisionaler Produktionsbereich (Anlagen) autonom betrieben innerhalb des geographischen Standortes.

Häufig erfolgte die Zuteilung nach dem sogenannten „major user"-Prinzip: Dort, wo eine Aufteilung der Tätigkeiten auf mehrere Divisionen aufgrund der Art oder der Menge nicht sinnvoll ist, übernimmt die am direktesten betroffene Division die ganze Menge dieser Tätigkeiten und beliefert die übrigen Kunden mit kleineren Bezugsanteilen. So wurden beispielsweise die Lagerhaltung und der firmeninterne Transport in zwei Werken von der Division Textilfarbstoffe als Hauptbenutzer übernommen und werden als Dienstleistung allen anderen Divisionen gegen Verrechnung angeboten.

Weitere Bereiche, in welchen Divisionen Tätigkeiten ganz oder teilweise übernommen haben, sind:

- Verfahrensentwicklung,

- Engineering,

- Informatik,

- Toxikologie Services und

- Analytik.

Im Rahmen der durchgeführten Erfolgskontrollen hat das Kader des Werkes Kaisten, welches einer Division zugeteilt wurde, die

Integration als „Quantensprung" in bezug auf Abnehmeranforderungen, -nähe und strategische Planung der Division bezeichnet. Die Erfahrungen der letzten Jahre zeigen auch, daß die Divisionen in diesen ihrer direkten Verantwortung unterstellten Werken – gefördert durch den Rezessionsdruck – mehr und mehr auch andere ihrer Aktivitäten, wie z.b. Laborbereiche, konzentrieren und damit ihre Präsenz noch weiter verstärken.

Für die bereits erwähnten Lager- und Transportbetriebe, ließ sich nachweisen, daß durch die Integration markante Verbesserungen erreicht wurden, wie Kostenreduktion um ca. 20 Prozent, Senkung der Lagerbestände um 35 Prozent und Senkung der Lead Time von 5 auf 1,5 Tage. Diese Verbesserungen haben sich vollumfänglich auch für die andern Divisionen ausgewirkt.

Zentrale Dienstleistungsbereiche

Der Großteil der eigentlichen Infrastruktur- und Serviceleistungen, welche meist standortgebunden durch mehrere Divisionen bezogen werden, ist in den zentralen Dienstleistungsbereichen zusammengefaßt. Ihr Tätigkeitsgebiet ist lokal, das heißt spezifisch pro Land; in der Schweiz faktisch auf das Stammhaus beschränkt. Gemäß ihrem Leistungsauftrag sollen diese Bereiche konkurrenzfähige Infrastruktur- und Serviceleistungen anbieten und sich dabei wie eine Drittfirma verhalten bezüglich Leistungsangebot (Quantität und Qualität richten sich nach dem Bedarf der Kunden, primär der Divisionen), Preisen, Vertragsbedingungen und Verrechnung (Break Even Ziel: Sämtliche anfallenden Kosten sind voll zu verrechnen).

Heute existieren im Stammhaus Dienstleistungsbereiche in folgenden Fachgebieten:

- Ingenieur- und Verfahrenstechnik (Anlagenprojektierung, Fachtechnik, etc.),

- Information Services (Rechenzentrum und Systementwicklung),

- Forschungsdienste (Analytik, Physik, Patente, Literatur),

- Beschaffung und Transport (Einkauf inkl. Reisezentrale und Spedition),

- Personal Stammhaus (Rekrutierung, Betreuung, Administration inkl. Pensionskassenverwaltung)

sowie die geographisch bedingten Infrastrukturorganisationen in den multidivisional genutzten Werken

- Werk Basel,

- Werk Schweizerhalle,

- Werk Monthey und

- Forschungszentrum Marly.

Diese Bereiche sind primär dazu da, den Bedarf der Divisionen zu befriedigen, sie dürfen in beschränktem Ausmaß ihre Leistungen auch Dritten anbieten und sind in diesem Fall gehalten, einen Gewinn zu erwirtschaften. In einigen Gebieten ist ein externer Markt vorhanden, so daß direkte Preis-/Leistungsvergleiche möglich sind und die Auftraggeber die gleichen Leistungen auch von Ditten beziehen können, wie etwa auf den Gebieten des Engineering oder der Entwicklung von Informationssystemen. In einigen andern Gebieten wie der hausinternen Telekommunikation, der Energieversorgung und auch der Patente gibt es faktisch keinen Markt, weil Dritte aus geographischen Gründen die gleiche Leistung nicht anbieten können oder weil unsere Nachfrage zu spezifisch ist als daß ein Dritter sie auf dem Markt in genügendem Umfang verkaufen könnte. In diesen letzteren Fällen ist die Forderung nach Konkurrenzfähigkeit als Zielsetzung zu verstehen, sie kann jedoch nicht real überprüft werden.

Die Hauptproblematik bei der Schaffung dieser Bereiche war die Einführung eines Marktmechanismus: sowohl im Verhalten der

Anbieter (Kundenorientierung, Marketing, Preiskalkulation, Break Even-Ziel) als auch im Verhalten der Nachfrager (vertragsgemäßes Verhalten, vorausschauende Bedarfsplanung). Die erste Reaktion der Divisionen bestand darin, sich möglichst rasch von den Zentralbereichen zu lösen und Leistungen entweder selber zu übernehmen oder von Dritten zu beziehen. Mit der Aufgliederung in kleinere Divisionen, mit den sichtbaren Verhaltensänderungen der Anbieter und mit den Erfahrungen von Kompetenz und Zuverlässigkeit Dritter kann man heute feststellen, daß nach einem starken Pendelauschlag sich eher wieder eine Position rational überlegter Beziehungen zu den Dienstleistungsbereichen konsolidiert.

Mit der höheren divisionalen Autonomie aber auch mit dem äußeren wirtschaftlichen Druck sind selektiv Leistungen zu Dritten abgewandert (Outsourcing). Maßgebendes Kriterium ist auch hier die Nähe zum Kerngeschäft: Alle Tätigkeiten der chemienahen Gewerke, welche spezifisches, zu einem rechten Teil auch sicherheitsrelevantes Know-how erfordern, bleiben mit Vorteil in der Firma. Die Zusammenfassung beim Major User oder in einem zentralen Dienstleistungsbereich erleichtert die Aufrechterhaltung dieses Know-how zum Nutzen aller Kunden.

Eine kritische Frage, die gleich zu Beginn die Gemüter in den Dienstleistungsbereichen bewegt hat, war diejenige nach dem Anteil der „Forschungs- und Entwicklungstätigkeit" für neue bzw. neuartige Leistungen und dessen Finanzierung. Es versteht sich von selbst, daß die Dientleistungsbereiche ebenso wie jede Drittfirma ihr langfristiges Überleben sichern müssen durch Aneignen von Verfahren und Bereitstellen von Leistungen, welche von den Kunden in Zukunft benötigt werden. Der Anteil dieser „F&E-Tätigkeiten" hat sich unter dem Druck der Break Even-Zielsetzung stark vermindert, dürfte aber immer noch höher liegen als bei vergleichbaren Dritten. Wieviel im Einzelfall richtig und ausreichend ist, kann sich erst längerfristig zeigen. Höhere Preise bei erhöhtem Innovationsbedarf werden von den Kunden als gerechtfertigt akzeptiert, da von einem Zentralbereich nicht primär billige Routinearbeit, sondern das Bearbeiten von Spezialfällen und das Lösen von Problemen verlangt wird. Auch externe

Kunden beziehen diese Leistungen, wenn es sich um kritische Abklärungen von größerer Tragweite handelt.

Zusammenfassend kann über die Erfahrungen mit den zentralen Dienstleistungsbereiche bis heute festgestellt werden, daß

- das Break Even-Ziel innert relativ kurzer Zeit in etwa erreicht wurde,

- die Kundenorientierung sich stark verbessert hat,

- sich Leistungs- und Kostentransparenz und die interne Kostenkontrolle verbessert haben,

- die Kostensätze konkurrenzfähig sind und

- auch externe Kunden selektiv das Leistungsangebot nutzen.

Schwieriger geworden ist eindeutig der Personalaustausch im gleichen Fachgebiet zwischen zentralen Dienstleistern und entsprechenden Bereichen in den Divisionen oder Konzerngesellschaften und die dadurch beabsichtigte Personalentwicklung. Ebenso sind die Kontakte zu Fachgremien und Hochschulen teilweise auf ein nicht gewünschtes Maß zurückgegangen. Hier mußte aufgrund der Fortschritts- und Erfolgskontrollen gegengesteuert werden. Ebenso hat die Konzernleitung schon 1992 aufgrund der ersten Fortschritts- und Erfolgskontrollen die Rahmenbedingungen für die Zusammenarbeit zwischen Dienstleistungsbereichen und ihren Kunden bezüglich des Spielraumes der Break Even-Zielsetzung, der Leistungen ohne Auftraggeber, des Ausmaßes der Leistungen an Drittkunden und der Preisflexibilität präzisiert.

Als offene Fragen oder Diskussionspunkte zum Verhalten analog einer Drittfirma bestehen weiterhin: die Preisgestaltung für Monopoldienstleistungen (z.B. Telefon), die nicht branchenüblichen Kosten (z.B. Chemiefeuerwehr), die Anlagewerte eines Dienstleistungsbereiches (z.B. Kantine) und das Ausmaß des freien Marktzugangs für den Auftraggeber. Hier wird die weitere Praxis in den nächsten Jahren praktikable und einfache Lösungen aufzeigen müssen.

Dienstleistungsbereich als selbständiges Profit Center
Im Organisationskonzept ist vorgesehen, daß geeignete zentrale Dienstleistungsbereiche oder Teile davon zu einem selbständigen Profit Center, das seine Leistungen frei auf dem Markt anbietet, weiterentwickelt werden können. Dieses Vorgehen wurde als Modellfall bei der ehemaligen zentralen Werbung gewählt, welche heute rechtlich selbständig unter dem Namen ALLCOMM firmiert. Es handelt sich dabei um Tätigkeiten, die nicht chemiespezifisch sind, für die somit ein weiter potentieller Kundenkreis besteht. Das Management und die Mitarbeiter dieser Einheit erhalten einen Anreiz, sich auf dem Markt zu bewähren und können das Resultat ihrer Anstrengungen als erwirtschafteten Gewinn sehen.

Mit der Verselbständigung nimmt die Mutterfirma in Kauf, nicht mehr prioritär bedient zu werden. Andererseits werden die Leistungen durch den Zwang, Drittkunden zu gewinnen, marktgängig und konkurrenzfähig.

Erste Erfahrungen zeigen, daß ALLCOMM sich im Markt etabliert hat und Neukunden gewinnen konnte, die heute gegen 30 Prozent des Umsatzes ausmachen. Für die internen Kunden haben sich vor allem Termintreue und Kundenausrichtung verbessert. Die Mitarbeiter sind aus der als sicher empfundenen Geborgenheit der Großfirma in den rauheren Wind der Konkurrenz in ihrer Branche entlassen worden, haben aber mehr Handlungsspielraum und können den Erfolg ihrer Tätigkeit direkter erfahren.

Die Verselbständigung erfolgte mit einigen befristeten Übergangsgarantien wie z.B. degressiver Abnahmegarantie oder Verbleib in der Pensionskasse für die Mitarbeiter. Eine abschliessende Erfolgsbeurteilung dieser Verselbständigung soll nach 4 bis 5 Geschäftsjahren vorgenommen werden.

Konzernbereiche

Als Konzernbereich organisiert sind diejenigen Tätigkeiten, welche die Konzernleitung in ihren Aufgaben direkt unterstützen und der Firma als ganzes weltweit dienen. In den meisten Fällen beinhaltet der Leistungsauftrag eines Konzernbereichs die Formulierung von Politik und Grundsätzen im entsprechenden Sachgebiet sowie teilweise die Durchführung von Audits im Auftrag der Konzernleitung. Der Konzernbereich steht für Beratung und Interpretation zur Verfügung, hat selbst aber kein funktionales Weisungsrecht.

Um ihre Reputation in der Firma wie auch gegen außen als Kompetenzzentrum erhalten zu können, bearbeiten gewisse Konzernbereiche eigene Forschungs- und Entwicklungsprojekte. Sie wirken als Drehscheibe für den Know-how-Austausch innerhalb der Firma und nach außen.

Als Eintritts- und Durchgangsstation für junge Mitarbeiter sowie erfahrene Spezialisten leisten die Konzernbereiche einen aktiven Beitrag zur Sicherstellung des Nachwuchses an Spezialisten und Führungskräften in den Divisionen, Konzerngesellschaften und Dienstleistungsbereichen auf dem jeweiligen Fachgebiet.

Gemäß ihrer Funktion als Unterstützung der Konzernleitung, werden Auftrag und Ressourcen durch diese festgelegt. Eine Verrechnung erfolgt in der Regel nicht. Als Konzernbereiche existieren heute:

- Finanz und Control,
- Forschung (Grundlagenforschung, neue Technologien/Märkte),
- Sicherheit und Umwelt,
- Human Resources und
- Recht.

Aus pragmatischen Gründen wurde die Grenze zwischen Konzernbereichen und Dienstleistungsbereichen nicht streng nach den beschriebenen Kriterien gezogen. So gibt es Konzernbereiche mit rein lokalen Aufgaben oder Aufgaben von reinem Dienstleistungscharakter und andererseits Dienstleistungsbereiche, die im Einzelfall auch zu einem kleinen Teil Konzernaufgaben erfüllen.

Die Konzernbereiche Forschung sowie Sicherheit und Umwelt lassen auch einige operative Tätigkeiten und Untersuchungen von den entsprechend ausgerüsteten Dienstleistungsbereichen durchführen und bezahlen diese dafür in einem normalen Auftragsverhältnis.

Stäbe

Als eigentliche, der Konzernleitung zugeordnete Stäbe kennt Ciba:

- die Unternehmensplanung,

- Ciba Communications,

- Zentralsekretariat (inkl. Führung des Aktienregisters),

- das Revisorat, welches direkt an den Präsidenten rapportiert und

- den Stab für Beziehungen mit den Entwicklungsländern.

Alle Leistungen dieser Stäbe stehen in einem direkten Zusammenhang mit Aufgaben und Verantwortungen, welche die Konzernleitung selbst zentral und für die Firma als Ganzes wahrnimmt.

In kleinerem Umfang steht das Expertenwissen dieser Stabseinheiten auch den Divisionen zur Verfügung. Wegen der umfangmäßig geringen Bedeutung dieser Leistungen werden diese nicht verrechnet.

Heutiger Stand und Schlußfolgerungen

Ciba hat mit der skizzierten Organisation die Dienstleistungen differenziert nach internen Kundenkreisen gestaltet und damit klare und differenzierte Leistungsaufträge für die Dienstleister formuliert.

Damit wurde eine stark verbesserte Kostensteuerung erreicht:

- Der Anteil des von der Konzernzentrale zu tragenden Personalbestandes hat sich von ca. 20 auf 5 Prozent des Stammhauses reduziert.

- Der Umfang an Tätigkeiten der großen Dienstleistungsbereiche für die Divisionen wird mit dem internen Marktmechanismus direkt durch die Auftraggeber gesteuert. Damit ist sichergestellt, daß nur Leistungen angeboten und gepflegt werden, welche auch Nachfrager haben.

Die zentralen Dienstleistungsbereiche wurden durch den Marktmechanismus gezwungen, ihr Dienstleistungsspektrum zu überdenken sowie mehr Kosten- und Leistungstransparenz herzustellen; auch haben sie an Flexibilität gewonnen.

Organigramme und Leistungsaufträge sind schnell formuliert, die Personen in den Bereichen sind aber noch immer dieselben. Es ist sehr erfreulich festzustellen, daß sich das Verhalten in allen Dienstleistungsbereichen stark in Richtung zu mehr Kundenorientierung gewandelt hat.

Offen sind noch einige Fragen, insbesondere die allfällige Weiterentwicklung von Dienstleistungsbereichen zu Profit Center. Die noch weiter zu sammelnden (internen) Erfahrungen und die sich rasch verändernden Umweltbedingungen werden die Anpassung und Weiterentwicklung der Konzepte steuern. Letztlich werden als Ziel konkurrenzfähige Dienstleistungen für unsere Geschäfte in den Divisionen angestrebt, in welcher Form auch immer das dann unter den waltenden Bedingungen sein mag.

Orientierung der Informatik an vitalen Geschäftsprozessen

Wolfgang Mathera

In den folgenden Ausführungen wird ein Vorgehensmodell mit starkem Praxisbezug vorgestellt, welches an interne Dienstleister (IDL) gerichtet ist, Methoden und Möglichkeiten aufzeigt, auf interne und externe Veränderungen mittels ganzheitlicher Sicht frühzeitig reagieren zu können, um letztlich das „eigene" Dienstleistungsportfolio entsprechend auszurichten. Der Beitrag ist als Leitfaden für eine strukturierte Vorgehensweise gedacht, der diesem Umbruchsdenken Rechnung trägt und den Weg hin zu einer praktikablen Umsetzung beschreibt.

Der heutige Wettbewerbsdruck, verschärft durch die Internationalisierung und Globalisierung der Märkte, zwingt immer mehr Unternehmen in einen Umdenkprozeß. Genügend Beispiele zeigen uns immer wieder, daß Unternehmen, die mit ihren Produkten und Dienstleitungen schneller als andere auf dem Markt sind, letztendlich den Wettbewerbskampf für sich entscheiden.

Der Faktor Durchlaufzeit ist letztlich aber nur einer von vielen Parametern, die in der heutigen Situation kritisch betrachtet werden müssen. In jeder Branche, ob sie am Binnenmarkt oder international orientiert ist, ob sie Produkte oder Dienstleistungen erzeugt, bestimmen sich die Regeln des Wettbewerbs nach folgenden fünf Wettbewerbskräften (nach M. Porter):

- ■ dem Markteintritt neuer Konkurrenten,

- ■ der Gefahr von Ersatzprodukten,

Wettbewerbsmodell (nach Porter)

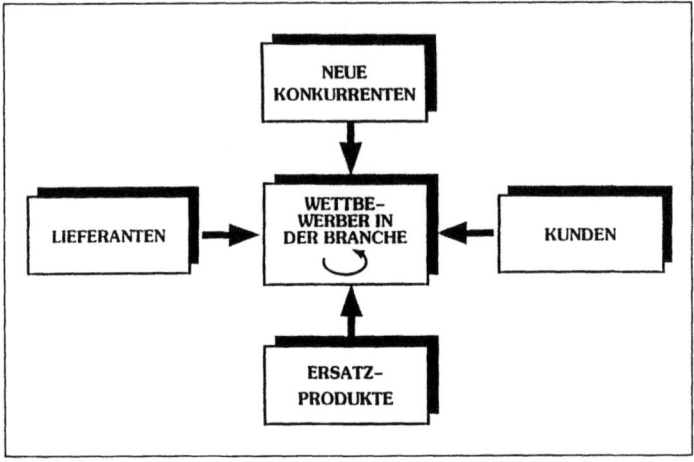

- der Verhandlungsstärke der Abnehmer,
- der Verhandlungsstärke der Lieferanten und
- der Rivalität unter den vorhandenen Wettbewerbern.

So sind beispielsweise kürzere Durchlaufzeiten eng mit der Frage der Qualität verbunden – diese wiederum orientiert sich in immer stärkerem Ausmaß an den Bedürfnissen und Erwartungen des Marktes und der Kunden.

Es gilt, immer exakteren Vorstellungen der Kunden zu entsprechen:

Das sind zum einen Anforderungen hinsichtlich Funktion, Preis, Qualität und Umweltverträglichkeit, zum anderen aber auch klare Anforderungen bezüglich des Zeitpunktes, zu dem das gewünschte Produkt geliefert werden soll. Das heißt, es genügt nicht mehr, ein qualitativ hochwertiges Produkt auf den Markt zu bringen – es muß auch zum richtigen Zeitpunkt verfügbar sein. Um die richtigen Produkte zum richtigen Zeitpunkt auf den Markt zu bringen, ist es daher unerläßlich, den gesamten Prozeß zu betrachten – die Produktentwicklung, die Herstellung etc. sowie das Produktumfeld. Damit ist die Prozeßbetrachtung angesprochen, ein methodisches Vorgehen, um Transparenz und Logik in die verschiedensten Abläufe und Regelkreise eines Unternehmen zu bringen.

In einer unternehmensübergreifenden, ganzheitlichen Betrachtungsweise ist letztlich die Gesamtheit aller Geschäftsprozesse eines Unternehmens an der Zufriedenstellung des Kunden beteiligt (1). Doch was versteht man unter einem Geschäftsprozeß?

Definition Geschäftsprozeß

Formal verstehen wir unter einem Geschäftsprozeß das Zusammenwirken von Menschen, Maschinen, Material und Methoden, das darauf ausgerichtet ist, eine bestimmte Dienstleistung zu erbringen oder ein bestimmtes Produkt zu erzeugen.

Typisch für einen Geschäftsprozeß ist der Durchlauf über mehrere Organisationseinheiten eines Unternehmens, beispielsweise Abteilungen und Bereiche.

An den Grenzen zwischen den Organisatonseinheiten treten im Geschäftsprozeß wie auch in der Realität Schnittstellen auf.

Typische Beispiele für Geschäftsprozesse sind:

- Auftragsabwicklung,

- Produktentwicklung,

- Einkaufsabwicklung,

- Planung,

- Ersatzteilversorgung und

- Fertigung.

Einzelne Geschäftsprozesse können in sogenannte Sub- bzw. Teilprozesse zerfallen, aber auch Bestandteile von übergeordneten Prozessen sein.

So läßt sich eine Hierarchie von Teilprozessen definieren, an deren Spitze die Geschäftsprozesse stehen. Geschäftsprozesse sind eine Folge von Aktivitäten und werden als solche detailliert aufgelöst.

Um die Theorie mit einem praktischen Beispiel zu veranschaulichen siehe folgendes Beispiel eines typischen Geschäftsprozesses: Ein allgemeiner Fertigungsauftrag in seiner geplanten SOLL-Ausprägung. Der Hinweis SOLL-Ausprägung unterstreicht, daß nach dem ersten Schritt, dem Erfassen des Geschäftsprozesses (IST-Ausprägung mit Stärken/Schwächenprofil) ein zweiter Schritt folgt, das sogenannte RE-ENGINEERING, das heißt, Geschäftsprozesse werden über Abläufe bis hin zur Einzelaktivität optimiert (SOLL-Ausprägung).

Eine für Geschäftsprozesse und Prozeßketten gut veständliche Darstellungsform hat die Firma Digital Equipment Corporation (DEC) auf Basis der Wall Charting Technik entwickelt. Das in der Darstellung gezeigte Ablaufmodell wurde mit Hilfe dieser Methode erstellt. (Die Abkürzung RAMS steht für: Requirements Analysis for Manufacturing Systems.) In dieser Darstellungsform werden die einzelnen Aktivitäten eines Geschäftsprozesse verkettet und als sequentielle Folge von Einzelaktivitäten dargestellt. Gleichsam als dritte Dimension wird der Bezug von aufgezeigten Einzelaktivitäten und darüber liegenden Organisationseinheiten mit Hilfe verschiedenartiger Schraffurdarstellungen hergestellt.

Anmerkung: Die Aneinanderreihung von Aktivitäten ist nicht zwingend geradlinig, sondern sie kann Verzweigungen enthalten,

RAMS – Diagonale allgemeiner Fertigungsauftrag SOLL

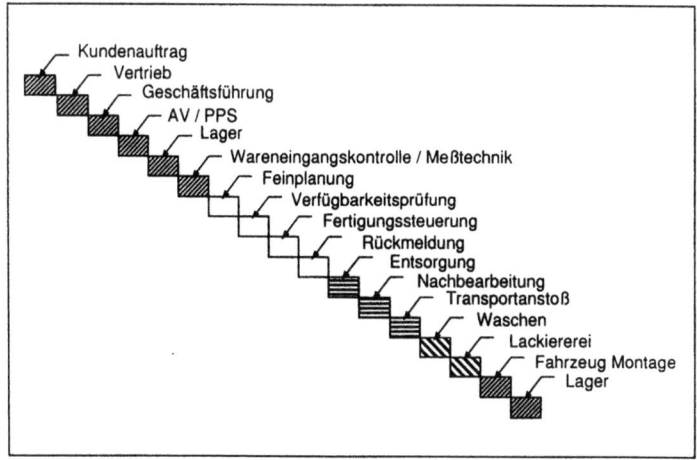

einzelne Aktivitäten können wiederholt und mehrfach durchlaufen werden.

Input-Prozeß-Output-Beziehungen

Einzelne Aktivitäten sind grundsätzlich dadurch gekennzeichnet, daß sie meßbare EINGABEN (INPUTS) und meßbare AUSGABEN (OUTPUTS) besitzen, demzufolge auch eine WERTERHÖHUNG gemessen werden kann (2).

Ein Prozeß, aber auch jede einzelne Aktivität, lebt von der Eingabe (Input), der Verarbeitung (Prozess) und der Ausgabe (Output). Diese Input-Prozess-Output-Beziehung läßt sich an Hand zweier typischer Fallbeispiele gut veranschaulichen:

Typisches Beispiel einer Werterhöhung: Rohmaterial (Input) – Bearbeitung (Prozess) – Fertigteil (Output)

Dies gilt aber ebenso für administrative Tätigkeiten: Die Eingabe (Input) kann beispielsweise ein Schriftstück sein, der Prozeß, die Bearbeitung wäre das „Prüfen und Unterschreiben", die Ausgabe (Output) das „unterschriebene" Schriftstück.

Mit diesem Input-Prozess-Output-Modell läßt sich nicht nur die unternehmensinterne Kunden- bzw. Lieferantenbeziehung aufzeigen, sondern auch die Qualität und Effizienz dieser Beziehungen.

Anforderungen an Geschäftsprozesse

Ein Unternehmen läßt sich als ein System von Prozessen darstellen, das eine Vielfalt von Beziehungen zwischen internen und externen Lieferanten und Kunden enthält. Damit Qualität und Wettbewerbsfähigkeit dieser Prozesse gewährleistet sind, müssen folgende Anforderungen erfüllt werden:

Prozesse müssen:

- effektiv (wirksam) sein, das heißt, sie müssen ihre vorgegebenen Aufgaben und Ziele erfüllen, wobei der Grad der Erfüllung an der Übereinstimmung mit den Anforderungen gemessen wird;

- effizient (wirtschaftlich) sein, das heißt, sie müssen ihre Aufgaben mit einem Minimum an Aufwand erfüllen;

- kontrollierbar und steuerbar sein, das heißt, die für sie verantwortlichen Personen müssen zu jeder Zeit den Zustand des Prozesses kennen und in der Lage sein, korrektive Maßnahmen einzuleiten, wenn diese erforderlich werden;

- adaptiv (anpassungsfähig) sein, das heißt, auf Veränderungen der Prozeßumgebung muß reagiert werden, bevor diese eine nachteilige Wirkung auf das Geschäftsergebnis haben. (3)

Unternehmensziele und Strategien

Die Informatik, als typischer Vertreter eines internen Dienstleisters, leistet in dem Kampf um die Wettbewerbsfähigkeit eines Unternehmens einen wichtigen Beitrag. Die Informatik hat wie alle anderen internen Dienstleister im Unternehmen die Aufgabe:

- den richtigen Bedarf, abgestimmt mit den Unternehmenszielsetzungen, zu erkennen,

- die Anforderungen ihrer Kunden zu verstehen,

- diesem Bedarf und Anforderungen zeitlich und kostengerecht zu begegnen,

- sich und ihre Produkte und Leistungen intern richtig zu vermarkten und

- letztlich muß die Dienstleistung dem Leistungsangebot des freien Marktes, sprich den externen Dienstleistungen, in Vergleichen standhalten.

Die Pionierzeiten in denen beispielsweise in der Informatik Kosten/Nutzen-Überlegungen von primär technologischer Orientierung (Perfektionismus) verdrängt wurden, die sind endgültig vorüber.

Der Markt, das Unternehmen, die Unternehmensführung verlangt nach einer Neuorientierung dieser Dienstleistungsbereiche, verlangt nach entsprechender Transparenz, verlangt nach Nachvollziehbarkeit von Investitionen nach betriebswirtschaftlichen Grundsätzen – naturgemäß vor allem bei den internen Dienstleistern – speziell dort, wo massive Gemeinkostenblöcke entstehen.

Und genau dort sollte eine Neuorientierung stattfinden: Die genaue Kenntnis und das Verständnis über unternehmensinterne und übergreifende Abläufe von Geschäftsfällen, die sogenannten

Geschäftsprozesse, bilden eine Möglichkeit das Dienstleistungsangebot der Informatik den Unternehmensanforderungen optimal anzupassen bzw. die Informatikarchitektur des Unternehmens möglichst flexibel, effizient und nutzenorientiert mitzugestalten.

Diese Anpassungsfähigkeit, diese Flexibilität sowie eine entsprechende betriebswirtschaftliche Transparenz, ist heute bereits ein ganz wichtiger Entscheidungsfaktor für den gesamten Informatikbereich und wird für die Mitarbeiter und Führungskräfte in diesem Bereich in der Zukunft noch mehr Gewicht erhalten.

Um diese Neuorientierung am Beispiel Informatik realisieren zu können, müssen folgende Voraussetzungen erfüllte sein: Zur Erstellung eines für die spezifischen Anforderungen ausgerichteten Dienstleistungsportfolios ist ein konsistenter Zusammenhang zwischen Unternehmensleitbild – Unternehmensziele – Subzielen – entscheidenden Erfolgsfaktoren (critical success factors) sowie strategische Maßnahmen, als Planungsbasis erforderlich.

Am Beispiel des Dienstleisters Informatik sollen die Zusammenhänge verdeutlicht werden: Da gerade in den Bereichen der Informatik Investitionsentscheidungen mit Langzeitcharakter getroffen werden müssen, ist als Basisorientierung Verständnis und Kenntnis über die Unternehmensziele als langfristige Orientierungsunterstützung unerläßlich. Darüber hinaus sollte auch das Unternehmensleitbild, eine sogenannte Unternehmensvision der Zukunft, bekannt sein und in diese Orientierung einfließen. Beispiele für Kernfragen:

- Warum gibt es uns?

- Wer wollen wir sein für unsere Kunden?

- Wodurch wollen wir uns von anderen unterscheiden?

Daraus folgt schlüssig:

- Was braucht das Unternehmen?

Unternehmensziele und Strategien

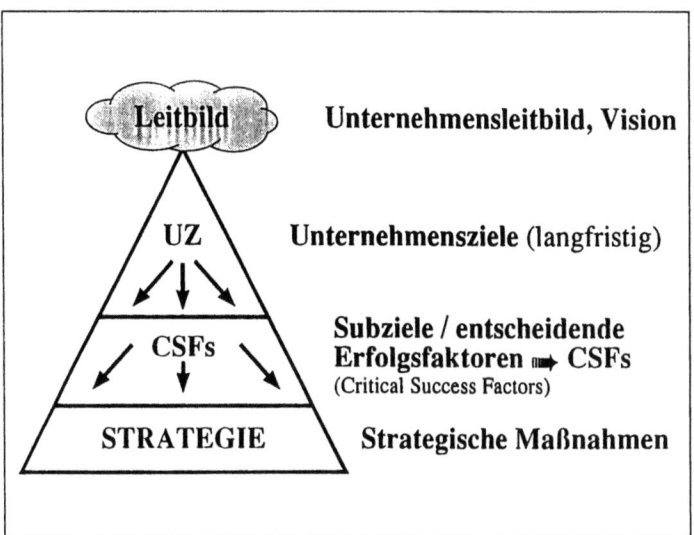

- Worin liegt der Beitrag der Informatik zum Unternehmenserfolg?

Mit Hilfe folgender Fragen lassen sich in Zusammenarbeit mit Geschäftsführung und Geschäftsbereichsverantwortlichen die sogenannten Unternehmensziele, die Bereichs- bzw. Abteilungsziele (Subziele) ableiten und entwickeln:

- Was sind die wichtigsten Unternehmensziele?

- Was braucht es zu ihrer Umsetzung?

- Was sind kritische und entscheidende Erfolgsfaktoren für die Umsetzung?

- Was sind die Potentiale der Informationstechnologie für die Geschäftsprozeßgestaltung?

Beispiel: Kernfrage mit abgeleiteten Projektansätzen

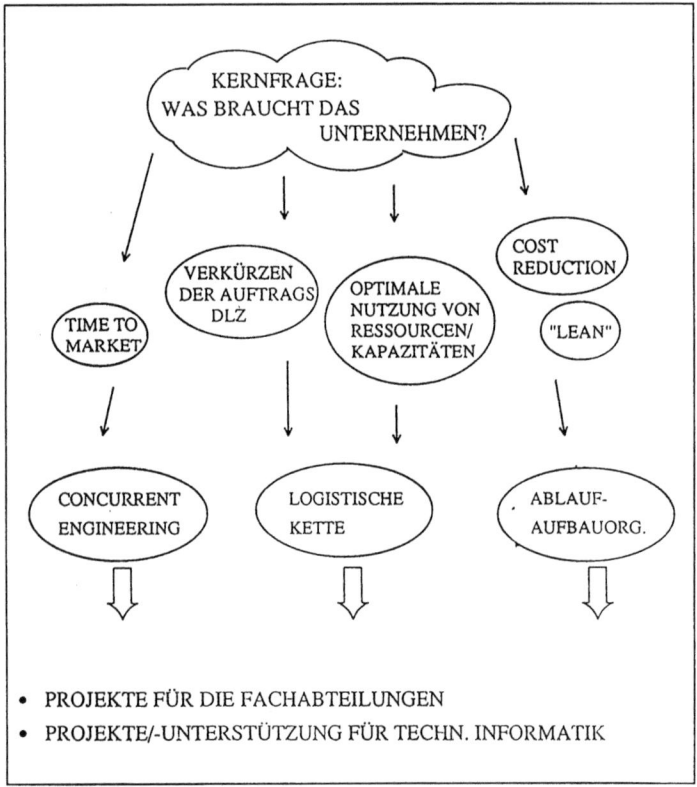

Bereits jetzt wird deutlich, daß intensive Kommunikation und das Entwickeln einer gemeinsamen Wissensbasis zwischen internen Dienstleistern (Informatik) und internen Kunden (Geschäftsführung, Bereiche, Abteilungen) Voraussetzungen für das Gelingen sind. Die Umsetzung dieser Ziele bereitet in der Praxis zumeist Schwierigkeiten, es sind verschiedene Hürden vorhanden: die sogenannten entscheidenden Faktoren – Critical Sucess Factors.

Eine wesentliche Aufgabe als Vorausetzung für eine erfolgreiche Umsetzung der Unternehmensziele besteht darin, die entscheidenden Erfolgsfaktoren herauszuarbeiten. Diese entscheidenden Erfolgsfaktoren stellen einen Maßnahmenkatalog für den Umsetzungsprozeß der Unternehmensziele dar und legen damit die Basisparameter für strategische Maßnahmen und damit auch für künftige Ressourcenplanung und Projektaktivitäten fest.

Als Übersichtsdarstellung der verschiedenen Zielsetzungen empfiehlt sich die Zuordnung in ein einfaches Quadrantenschema (Boston Consulting Group) zur Grobgliederung in unterstützende, vitale, strategische und zukunftsorientierte Zielsetzungen.

Anmerkung: Auch Zielsetzungen unterliegen einem „Lebenszyklus", der auch in dieser Quadrantenzuordnung seinen Niederschlag findet, so werden über die Zeitachse gesehen beispielsweise

Darstellung des Zusammenhangs von strategischen Maßnahmen und Zielen

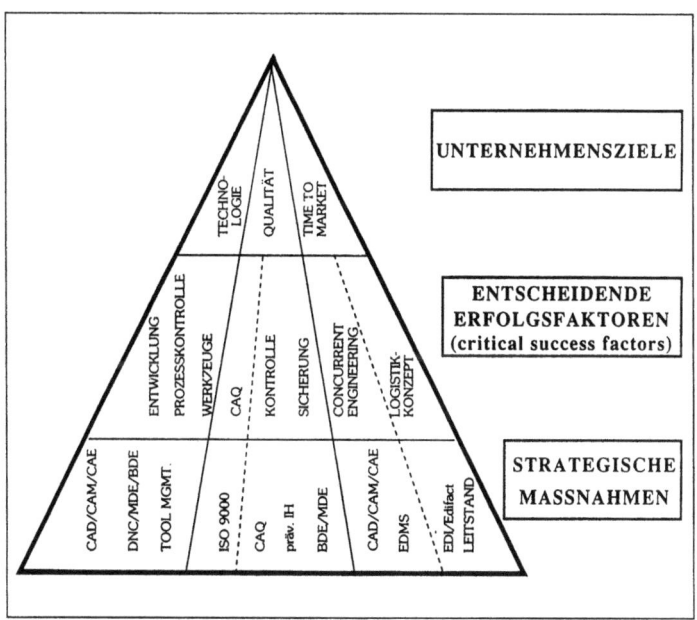

aus zukunftsorientierten Zielsetzungen, strategische, dann vitale und letztlich unterstützende. Mit der Quadrantenzuordnung wird auch eine Priorisierung betreffend der Umsetzung vorgenommen. Zur Definition der einzelnen Quadranten:

- Vitale Zielsetzungen betreffen Kernfunktionen, damit den „Lebensnerv" des Unternehmens und haben daher höchste Umsetzungspriorität. (Zuordnung im Quadrant: Vital)

- Strategische Zielsetzungen unterstützen die Unternehmensstrategie zur Schaffung von Wettbewerbsvorteilen. (Zuordnung im Quadrant: Strategisch)

- Zukunftsorientierte Zielsetzungen haben zumeist innovativen Charakter mit hohem Potential für Wettbewerbsvorteile. (Zuordnung im Quadrant: Zukunft)

- Unterstützende Zielsetzungen betreffen zumeist die Tagesgeschäftspflege, administrative Bereiche, unterstützende Funktionen. (Zuordnung im Quadrant: Unterstützend)

Analyse der Unternehmensprozesse

Nach der Aufarbeitung und Positionierung der Unternehmensziele stehen wir nun vor der Aufgabe diese Zielsetzungen mit den entsprechenden Geschäftsprozessen zu unterstützen. Begriffe wie Prozeß-Engineering und Prozeßmanagement begegnen uns.

Zur Begriffserläuterung:

Prozeß-Engineering bedeutet, daß jeder Geschäftsprozeß geplant und entworfen wird, vollständig und eindeutig beschrieben wird, und zwar so detailliert beschrieben, bis hin zur Beschreibung von Kontrollpunkten zur Messung von Kennzahlen, Auswertung dieser Kennzahlen usw.

Beispiel: Unternehmenszielzuordnung mit Hilfe der Boston Square-Methode

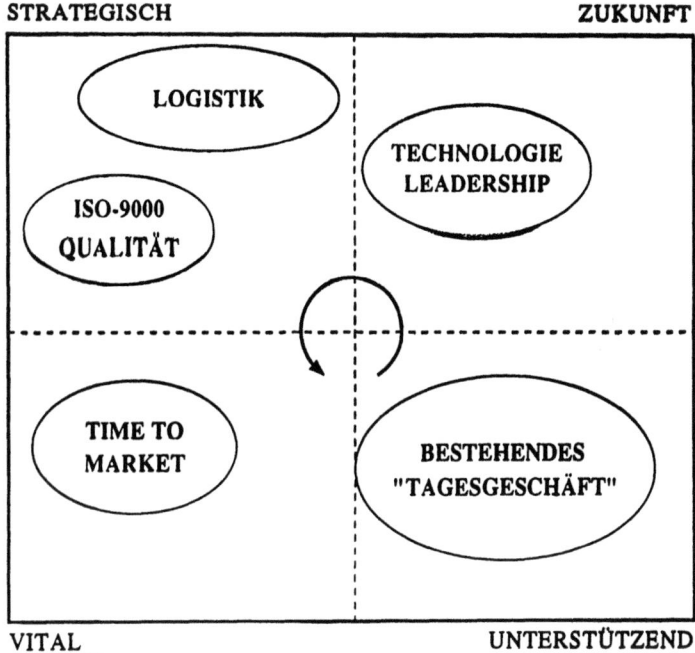

Prozeß-Management beinhaltet als wesentliche Elemente die Kontrolle und Steuerung des Prozesses und die Stärkung des Verantwortungsbewußtseins für den Prozeß und nicht für eine Teilfunktion.

Die wichtigsten Prozesse sind funktionsübergreifend, das heißt, sie berühren mehrere organisatorische Einheiten und Verantwortungsbereiche: Als Beispiel ein typischer Entwicklungsprozeß. Dieser beginnt bei Funktionen wie Marketing, Grundlagenforschung, Vorentwicklung, läuft dann über die eigentliche Produktentwicklung, Musterbau, Vorserienbau bis hin zur Produktion.

Die Problematik dabei ist die ungewollte Suboptimierung des Prozesses in den verschiedenen Verantwortungsbereichen: Zu oft wird bereichsweise Prozeßoptimierung vorgenommen, ohne die Auswirkungen auf andere Bereiche zu berücksichtigen.

Als Beispiel: Die Schaffung „schlanker" Produktionsprozesse kann für unterstützenden Funktionen massive Veränderungen bedeuten. Diese Suboptimierungsbestrebungen können nur durch die Einführung einer funktionsübergreifenden Koordination bzw. Verantwortung – man spricht von Prozeß-Verantwortung – gesteuert werden.

Nur wenn der Geschäftsprozeß in seinem gesamten Ablauf verstanden und erfaßt worden ist, kann der Prozeßablauf insgesamt optimiert werden und in Einklang mit den Unternehmenszielen gebracht werden. Wir sprechen von Prozeß-Reengineering. (4)

Verschiedene Methoden zur Visualisierungsunterstützung stehen hierbei zur Verfügung. Eine der Methoden zur Ermittlung der

Wertschöpfungskette (Werschöpfung nach Porter)

Wertschöpfungsanteile ist die von Michael E. Porter. Im wesentlichen liegt dieser Methode die Unterscheidung in wertunterstützende Aktivitäten sowie werterhöhende Aktivitäten zu Grunde. (5)

Eine Wertschöpfungskette geht üblicherweise über den eigenen Unternehmensbereich hinaus, betrifft andere Unternehmensbereiche, wie Lieferantenweteketten, Weteketten der Vertriebskanäle bis hin zu Abnehmerweteketten.

Das folgende Fallbeispiel soll den ersten Schritt, die einzelnen Abhängigkeiten in einem gesamten Wertschöpfungsprozeß aufzeigen, hier am Beispiel einer Unternehmensstruktur mit mehreren Unternehmenseinheiten. Dieser Schritt stellt damit auch die Basis für unternehmensübergreifende Gestaltungsmöglichkeiten der Weteketten und deren Abhängigkeiten dar.

In der nächsten Detaillierungsstufe ist es erforderlich, sich mit den unterschiedlichen Weteketten, selbstverständlich auch für Produkte, Produktfamilien und Dienstleistungen, auseinanderzusetzen: Ein wichtiges Kriterium für die Effektivität von Geschäfts-

Wertekettenbereiche

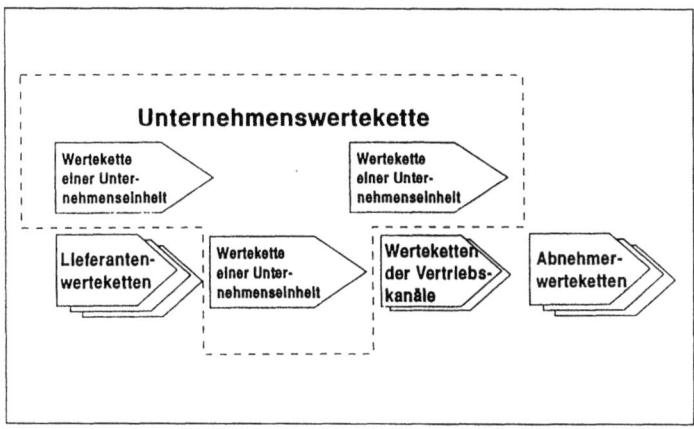

Fallbeispiel: Logistische Kette

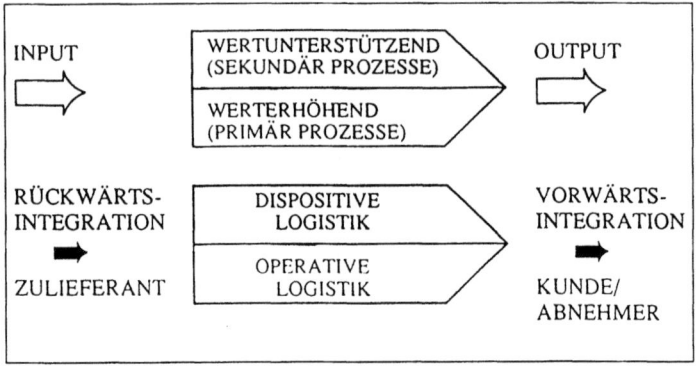

prozessen ist ihr zeitliches Verhalten. Nur schnelle innere Abläufe garantieren eine Reaktionsgeschwindigkeit, wie sie für die Durchsetzung am Markt notwendig ist.

Am Beispiel eines Fertigungsauftrages können mit Hilfe des Porter-Modells einerseits die am Prozeß beteiligten wertunterstützenden und werterhöhenden Funktionen und Aktivitäten aufgezeigt werden: Anhand des Porter-Modells kann beispielsweise ein Fertigungsauftrag simulativ eingelastet werden, durchläuft die betreffenden Funktionen und gibt wesentliche Aufschlüsse über die Effizienz der Abläufe bis hin zum zeitlichen Verhalten.

Gewichtung von Geschäftsprozessen

Konsequenterweise ist es erforderlich, die Geschäftsprozesse in ihrer Wichtigkeit zu ordnen. Als Hinweis: Der Prozeß ist eine unterstützende Funktion zur Erreichung der Unternehmensziele und nicht umgekehrt! Als Folge dieser Überlegung muß der einzelne Geschäftsprozeß am Unterstützungsgrad der einzelnen Unternehmensziele gemessen und gewichtet werden, das heißt, das Resultat sind Geschäftprozesse nach Wichtigkeit gereiht.

Wertekette / Fertigungsauftrag

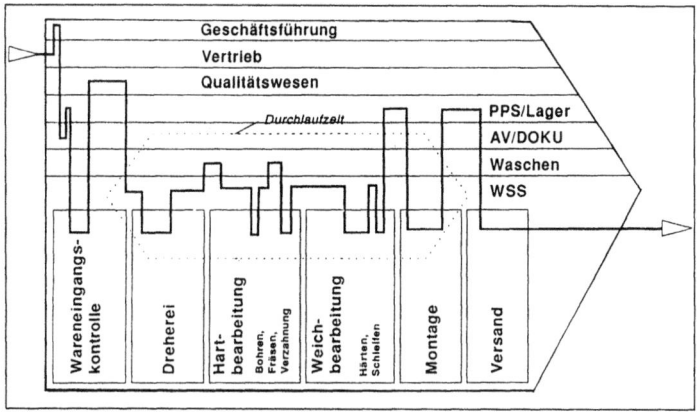

Verwendete Abkürzungen in der Gewichtungsmatrix:

- CSF = Critical Success Factor / Entscheidender Erfogsfaktor

- UZ = Unternehmensziel

- 0/1/2 = Gewichtung
  0 bedeutet: KEINE Unterstützung der Unternehmensziele
  bzw. Entscheidenden Erfolgsfaktoren
  1 bedeutet SCHWACHE Unterstützung,
  2 bedeutet STARKE Unterstützung.

Über die Zeilensumme werden die wichtigsten Prozesse ermittelt. Der nächste Schritt soll eine Geschäftsprozeßbewertung mit Hilfe der Boston-Square-Methode, eine Quadrantenzuordnung, der einzelnen Prozesse nach den Kriterien unterstützend, vital, strategisch sowie zukunftsorientiert vornehmen.

Beispiele dazu: Vital sind Fertigungsprozesse, Vertriebsprozesse, strategisch beispielsweise die Geschäftsprozesse der Logistik, der Produktentwicklung, im Bereich Zukunft sind Geschäftsprozesse der Grundlagenforschung angesiedelt und als unterstützend werden die meisten administrativen Geschäftsprozesse bezeichnet. Mit dieser Zuordnung ist einer der wesentlichsten Schritte zur Unterscheidung von Geschäftsprozessen erfolgt. Damit ist auch gleichzeitig eine wesentliche Orientierungsbasis für die sogenannten internen Dienstleister geschaffen worden. Alle Aktivitäten eines internen Dienstleisters, das Dienstleistungsportfolio, Prioritäten, Kapazitätsplanungen und Investitionsentscheidungen können damit eindeutig Geschäftsprozessen zugeordnet werden. Gleichzeitig ist eine Sicherheit hinsichtlich der Unternehmenszielausrichtung gegeben.

Informatik-Bedarfsermittlung basierend auf Geschäftsprozessen

Grundsätzlich hat nahezu jeder Geschäftsprozeß einen Bedarf an Informatikunterstützung, üblicherweise ein bis mehrere Anwendungen pro Geschäftsprozeß. Bei Unternehmungen ohne Geschäftsprozeßorientierung wird der IS/IT-Bedarf (Informationssysteme/Informationstechnologie) durch die verschiedenen organisatorischen Einheiten ausgelöst mit dem Ziel der Eigenbedarfsabdeckung (Gefahr der Optimierung einzelner Teilfunktionen und Problem der Suboptimierung des gesamten Geschäftsprozesses). Typischerweise wird dem Dienstleister Informatik in diesen Fällen eine zentrale koordinierende Rolle zugeteilt, der auf die Bedarfsanforderungen reagieren sollte.

Der neue Denkansatz zielt in eine agierende, vorausschauende Rolle der Informatik - die Orientierung der Informatik an Geschäftsprozessen. Der künftiger Anwendungsbedarf sollte vom Unterstützungsbedarf der Geschäftsprozesse abgeleitet werden. (7)

Analog zur Zuordnung der Unternehmensziele und Geschäftsprozesse, läßt sich mit der gleichen Visualisierungsmethode (Boston Square) eine Zuordnung der Applikationen vornehmen.

„Zuordnen" der Business Prozesse ins BCG-Square

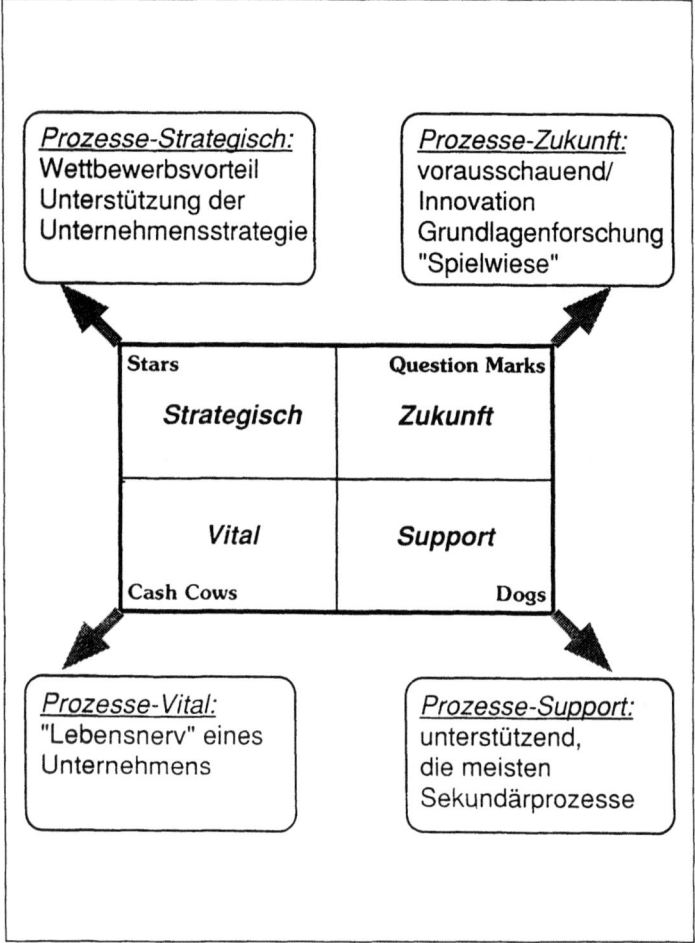

Vorausetzung dafür ist eine Gewichtungsreihenfolge der einzelnen Applikationen gemessen am Unterstützungsgrad der Geschäftsprozesse. (8) (analog Gewichtungsmatrix Unternehmensprozesse/Unternehmensziele)

Applikationsbedarfe

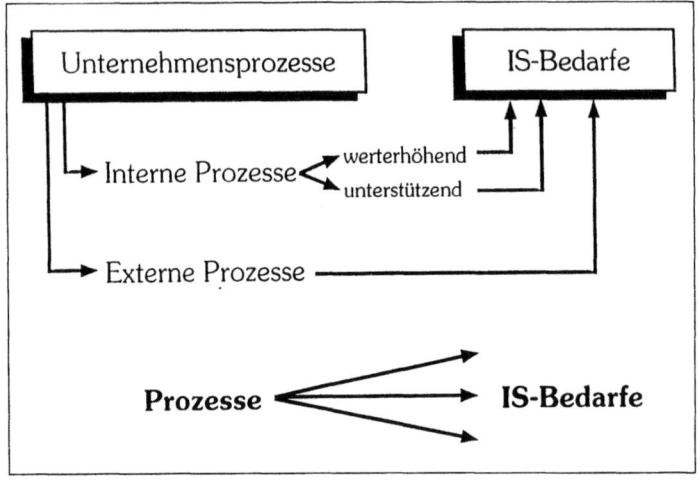

Beispiele:

- VITAL:
  EDV-unterstütze Produktionsplanung
  Leitsysteme/DNC-Verbund
  Rückmeldesysteme,
  Maschinensteuerungen
  Produktionsnetzwerke

- STRATEGISCH:
  CAD/CAM QS-Systeme
  Instandhaltungssytem
  Management Informationssysteme

- ZUKUNFT:
  EDV-unterstützte Designaktivitäten
  Videoconferencing
  Objektorientierung im Softwarebereich
  Work-flow-Management
  Prozeßorientierte Kostenrechnung

Applikationsportfolio

STRATEGISCH	POTENTIAL
kritisch für zukünftigen Geschäftserfolg	möglicherweise wichtig für zukünftigen Geschäftserfolg
kritisch für gegenwärtigen Geschäftserfolg	wertvoll, aber nicht kritisch für gegenwärtigen Geschäftserfolg
SCHLÜSSEL-APPLIKATIONEN	UNTERSTÜTZEND

■ UNTERSTÜTZEND:
Administrative Systeme
Personalzeiterfassung
Zutrittssystem

Entscheidungsunterstützung für Informatik-Investitionen: Die quadrantenweise Zuordnung an Informatik-Aktivitäten/Projekten verschafft in erster Linie einen Überblick über das zu erwartetende Investitionsvolumen, harmonisiert mit den Unternehmenszielen

Beispiel eines Applikationsportfolio zur Unterstützung von Firmen- und Unternehmenszielen

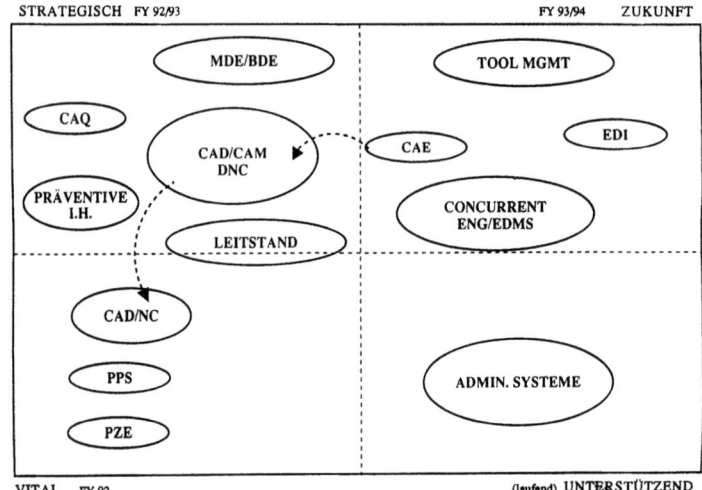

und Geschäftsprozessen und erleichtert somit erheblich die Entscheidungsfindung in der Investitionsphase.

Die entsprechenden Prioritäten der einzelnen Projektvorhaben und Investitionen können direkt abgeleitet werden. Üblicherweise werden Projektvorhaben im vitalen und strategischen Quadranten mit sehr hoher Priorität bewertet, vor den Aktivitäten und Projekten im unterstützenden und zukunftsorientierten Quadranten. (9)

Zusammenfassung

Zu den klassischen Produktivitätsfaktoren, wie Kapital, Arbeit, Rohstoff ist die Information als neuer Produktivitätsfaktor hinzugekommen. Damit auch die Informationsverarbeitung und der

Dienstleistungsbereich der Informatik. Es besteht kein Zweifel darüber, daß der Produktivitätsfaktor Information richtig genutzt und eingesetzt, zusätzliche Wettbewerbsvorteile bringen kann.

In der Vergangenheit war das Bestreben der Informatik, sich bestmöglich an betriebliche Abläufe und Funktionen anzupassen. Heute gehen die Möglichkeiten der Informatik darüber weit hinaus: Die Informatik hat sich zum einen zu einem äußerst flexiblen Werkzeug entwickelt, welches den Anwender bestmöglich in seinen betrieblichen Funktionen unterstützen soll. Zum anderen ist die Informatik ein ganz wesentlicher Erfolgsfaktor geworden, der, harmonisiert mit den Unternehmenszielen und Geschäftsprozessen, entscheidende Wettbewerbsvorteile und Verbesserungen bringt.

Durch die verschärfte Wettbewerbssituation werden Unternehmen in laufende Neuorientierungen sowie zu Umstrukturierungen gezwungen. Dieser stetigen Wandel ist eine gewaltige Herausforderung, der mit entsprechender interner Unterstützung begegnet werden kann. Die exakte Kenntnis der Unternehmensziele, der Unternehmensstrategie ist die Grundvorausetzung. Das Denken in Geschäftprozessen hilft enorm, um eine Transparenz in komplexe Unternehmensabläufe zu bringen. Es ist eine Basis, die übergreifenden Auswirkungen bei Veränderungen zu erkennen. Damit haben interne Dienstleister die Chance, ihre Dienstleistung auf dieser Basis exakt bedarfsorientiert anzupassen.

Anmerkungen:

1) H. Fromm:
   „Das Management von Zeit und Variabilität in Geschäftsprozessen", CIM Management, pp 7-14, 5/92
2/3) H. Fromm:
   „Das Management von Zeit und Variabilität in Geschäftsprozessen", CIM Management, pp 7-14, 5/02
4) H. Fromm:
   „Das Management von Zeit und Variabiltität in Geschäftsprozessen", CIM Management, pp 7-14, 5/92

5) Michael E. Porter:
   „Wettbewerbsvorteil / Competitive Advantage", Campus Verlag
6) „Developing Information Systems Strategies", Cranfield School of Management, prepared by John M. Ward
7) „Developing Information Systems Strategies", Cranfield School of Management, prepared by John M. Ward
8) „Developing Information Systems Strategies", Cranfield School of Management, prepared by John M. Ward
9) „Developing Information Systems Strategies", Cranfield School of Management, prepared by John M. Ward

Wer nicht mit der Zeit geht, geht mit der Zeit

Hans Fink

Veränderung ist angesagt. Unternehmen erleben eine Phase des Umbruchs und der Neuorientierung, die vielerorts als die zweite industrielle Revolution bezeichnet wird. Die Devise: Produktion, interne und externe Dienstleistung und Management sollen schlanker, schneller, klarer und einfacher organisiert, flexibler, kundenorientierter und kostenbewußter arbeiten.

Für die Betroffenen – gerade im Personalbereich – heißt das, den Wandel aktiv mitzugestalten, anstatt sich vom Wandel gestalten zu lassen. Die Zukunft der Profession „interner Dienstleister" wird davon abhängen, ob die Betroffenen sich schnell und flexibel auf neue Aufgabenfelder, Rollen und Verfahren einstellen und mit der neu geschaffenen Realität professionell umgehen.

Dieser Beitrag beschreibt als Praxisbericht aus der Werkstatt des Wandels die nunmehr drei Jahre währende Umgestaltung des Personalbereiches eines Automobilunternehmens hin zum kundennahen „internen Dienstleister". Er weist auf mögliche Irrwege, Hemmnisse und Gefahren ebenso hin wie auf Chancen, wertvolle Prozeßhilfen und Erfolge. Das Ziel ist, Anregungen und Orientierungshilfen zu geben und Mut zu machen für das Entdecken und Beschreiten neuer Wege im Entwicklungsprozeß.

Zunächst werden Ausgangssituation und Ziele zu Beginn des Umbauprozesses im Jahre 1990 skizziert. Dann folgt der Bericht über bislang vier Prozeßphasen, in denen sich Zielfindungs- und Klärungsschritte mit der konkreten Erprobung und Umsetzung abwechseln. Im Fazit werden Gewinne und Verluste einander gegenübergestellt. Einige praktische Empfehlungen zum Schluß sollen sowohl dem einzelnen, der als Betroffener im Prozeß steht, wie auch dem System „Personalbereich" Denkanstöße und Anregungen geben für das Handeln im Wandel.

Ausgangssituation und Ziele

Vor dem Hintergrund der rezessiven Marktentwicklung und aktueller Themen wie Lean Production, Lean Management, Einführung der Gruppenarbeit etc. brach der Kreis der Personalleiter eines Automobilunternehmens mit mehreren Produktionsstandorten in der Bundesrepublik 1990 auf, um nach Jahren der Traditionspflege und Beharrung einen Prozeß der Mentalitätsveränderung anzustoßen. Zwei Ziele standen dabei im Vordergrund:

- Angesichts der bedeutenden Herausforderungen sollten konsensfähige, innovative und intelligente Problemlösungen erarbeitet und verwirklicht werden.

- Ein breit angelegter Entwicklungsprozeß sollte dafür sorgen, daß die Potentiale der Mitarbeiterinnen und Mitarbeiter künftig besser genutzt werden.

Die vier Phasen der Erneuerung 1990 bis 1994

Phase 1: Initialzündung und Formulierung übergreifender Leitlinien

Es war von Anfang an klar, daß dieser Prozeß zwar zentral gesteuert und koordiniert, aber wegen der standortspezifischen

Produktionsbedingungen, Organisationsformen und jeweiligen Schwerpunkte in der Personalarbeit dezentral umgesetzt werden mußte. Deshalb formulierte der Kreis der Personalleiter zu Beginn der ersten Phase die Eckpositionen, die im dezentralen Entwicklungsprozeß zu beachten waren. Die generelle Ausrichtung lautete: weg von der verwaltenden und betreuenden Funktion und hin zur unternehmerischen Dienstleistung. Im Spannungsfeld Mensch – Technik – Wirtschaftlichkeit entstand die Leitorientierung für den Personalbereich der Zukunft. Er will

- Wegbereiter sein für die Weiterentwicklung der Identität und Unternehmenskultur – traditionsbewußt und in die Zukunft gerichtet;

- Vermittler sein zwischen den Interessen des Unternehmens und der Mitarbeiterinnen und Mitarbeiter;

- Erneuerer sein im Bereich der Personal- und Sozialpolitik des Unternehmens durch die Förderung der Wettbewerbsfähigkeit, der Produktivität, der Schnelligkeit und Flexibilität innerhalb der Organisation sowie durch Innovationen in der Ausgestaltung der Sozialpartnerschaft.

Eine wichtige Voraussetzung für den erfolgreichen Start des Entwicklungsprozesses war die Vereinbarung, daß möglichst alle Mitarbeiterinnen und Mitarbeiter der Abteilungen Personal/Arbeiter, Personal/Angestellte sowie Fort- und Weiterbildung von Anfang an beteiligt werden sollten. Es wurde gleich zu Beginn deutlich, daß die umfassende Information, das Erzeugen von Betroffenheit und Motivation sowie die Möglichkeit zur aktiven Mitgestaltung auf seiten der Mitarbeiterinnen und Mitarbeiter erfolgskritische Faktoren für den dezentralen Erneuerungsprozeß sind. Für den ersten Schritt, die Bestandsaufnahme vor Ort, wurden die folgenden gemeinsamen Ausgangsfragen formuliert:

- Wo stehen wir heute (Motive, Wertvorstellungen)?

- Wo wollen wir gemeinsam hin (Unsere künftigen Leistungen/Produkte)?

- Was müssen wir dafür tun (Arbeiten an unserem Leitbild, unseren Strukturen, Leistungen/Produkten und Qualifikationen)?

Darüber hinaus konnten einige standortübergreifende Themenfelder konstruktiv und für eine strategische Ausrichtung der Personalarbeit hilfreich in Projektform bearbeitet werden, wie z.B. die Themen „Unternehmensentwicklung und Kommunikation", „Qualitative Personalplanung" und „Materielle und immaterielle Anreizsysteme". Mit diesem Veränderungsprozeß, so war allen Beteiligten klar, wagten wir einen radikalen Einschnitt in die bisherige Unternehmenskultur. Ein System von Werthaltungen, Verhaltensnormen, Denk- und Verhaltensweisen wurde in Frage gestellt. Das Motto lautete nicht mehr: Wir als Personalbereich wissen, was für die übrigen Unternehmensbereiche gut ist, sondern: Wir wollen den Anforderungen unserer internen Kunden Rechnung tragen.

Phase 2: Beginn des dezentralen Entwicklungsprozesses und erste Widerstände

Vor diesem Hintergrund begann der Entwicklungsprozeß in jeder Abteilung der Personalbereiche an den einzelnen Standorten. Es wurden relativ rasch neue Anforderungsprofile für den Mitarbeiter im Personalbereich entwickelt, die – nicht ohne Gedanken an Rationalisierungspotentiale – auf eine umfassende Aufgabenstellung in der Ordnungs-, Verwaltungs-, Trainings- und Personalberatungsfunktion ausgerichtet waren.

Allerdings zeigte sich in der näheren Auseinandersetzung mit der neuen Aufgabenstellung, daß hier der Teufel im Detail steckt. Was heißt „beraten"? Geht es hier um Fachberatung, Prozeßberatung oder Projektberatung? Unterschiede, die alle ihre Konsequenzen haben, wurden deutlich. Parallel dazu wurden auch die bisherigen Aufgabenstellungen neu definiert: Die Trennung der Personalabteilungen für Arbeiter und Angestellte wurde aufgehoben. Es entstanden zwei parallel arbeitende Bereiche mit integrierter Personalarbeit für Arbeiter und Angestellte, die für zwei verschiedene Produktleistungszentren tätig waren. Daraus ergaben sich einerseits Redundanzen und andererseits ein erhöhter Abstimmungs- und Koordinierungsbedarf, denn der wichtige Grundsatz der Gleichbehandlung der Beschäftigten mußte aufrecht erhalten werden.

Erste Widerstände kamen auf: Die Mitarbeiterinnen und Mitarbeiter, die bisher anerkannt gute Arbeit geleistet hatten, sollten nun plötzlich Inhalt und Stil ihrer Tätigkeit ändern. Im Optimierungsprozeß waren in erhöhtem Maße Unsicherheiten zu akzeptieren. Die Folgen reichten von der beunruhigten Frage, ob man denn auf einmal nicht mehr zufrieden sei mit der Arbeit des Einzelnen, über Unentschlossenheit und Orientierungsproblemen bis hin zur dezidierten Festlegung dessen, was man zu leisten bereit war (und was nicht) und dem schlichten Boykott der entsprechenden Sitzungen und Workshops.

Phase 3: Überwindung der Anfangsprobleme, gemeinsame Reflexion und die Entwicklung standortbezogener Visionen

Diese ersten Beulen im Kotflügel der Dienstleistungs-Limousine wurden in konstruktiver Reflexionsarbeit entfernt. In engagiert geführten Diskussionen innerhalb und außerhalb der Prozeßworkshops freundeten sich die Beteiligten mit den neuen Werten an. Es entstand eine bisher nicht gekannte Offenheit im Austausch von Informationen und Standpunkten. Die Diskussionen fanden ihren konstruktiven Niederschlag in der Vereinbarung von Schwerpunkten, ja, einer Vision für die Personalarbeit für die nächsten sechs bis acht Jahre für den Standort, aus dessen Perspektive berichtet wird. Der Personalbereich dieses Standortes möchte insgesamt künftig

- bestimmte Unternehmensbereiche als Schlüsselkunden gewinnen,

- kundenübergreifende Gemeinsamkeiten im Vorgehen erarbeiten und nutzen, gleichzeitig aber auch kundenspezifische Entwicklungen zulassen,

- die Investition in Mensch und Technik in einem für den Wettbewerb lohnenden Gleichgewicht fördern und

- in der Zusammenarbeit mit dem Betriebsrat die unternehmensbezogene Mitverantwortung realisieren und auch angesichts gegensätzlicher Positionen konstruktiv miteinander arbeiten.

Mit diesen Grundaussagen wurde der Prozeß neu intensiviert. Die einzelnen Abteilungen gingen daran, sorgfältig zu analysieren,

- Was waren unsere Produkte in der Vergangenheit?

- Welches waren unsere Zielgruppen?

- Womit waren unsere Kunden bisher zufrieden?

- Womit nicht?

- Welche fördernden und hemmenden Faktoren haben unsere Arbeit bisher begleitet?

- Mit welchen Kapazitäten haben wir die Arbeit bisher geleistet?

Mit dieser Analyse sollte eine größere Transparenz für alle am Prozeß Beteiligten geschaffen werden. Denn einerseits war den Mitarbeiterinnen und Mitarbeitern das Leistungsspektrum der jeweils anderen Abteilungen nicht im Detail bekannt, andererseits sollten Redundanzen bei der Neudefinition der Aufgabenfelder vermieden werden.

Zweitägige Workshops für die einzelnen Abteilungen innerhalb des Personalbereiches wurden vorbereitet. Die Leitgedanken für die weitere Analyse lauteten:

- Wir schaffen Transparenz für alle Beteiligten.

- Wir holen Sichtweisen und Wünsche von Kunden ein.

- Wir nutzen Fehler der Vergangenheit bei der Zukunftsgestaltung.

- Wir machen die Qualifizierungswege unserer bisherigen Mitarbeiter transparent.

- Wir kennen keine Tabus – wir fassen auch heiße Eisen an.

- Wir stellen uns selbst in Frage.

Beispielhaft sollen hier die Workshopergebnisse der Abteilung Fort- und Weiterbildung zusammengefaßt werden:

Die Mitarbeiterinnen und Mitarbeiter dokumentierten, daß sie in den folgenden Produktfeldern arbeiteten: Training, Personalentwicklung und fachliche Weiterbildung; individuelle Bildungsberatung; Projektbegleitung/-beratung; Organisationsentwicklung und systemische Beratung; Informations- und Öffentlichkeitsarbeit; Veranstaltungsorganisation.

Für die Tätigkeit in diesen Produktfeldern sind langjährige und erfahrungsorientierte Qualifikationen notwendig. Dazu existieren Anforderungsprofile als Bildungsberater/in, Fachtrainer/in, Methodentrainer/in, Führungskräftetrainer/in, Projektberater/in und systemische Berater/in, Organisationsentwickler/in.

Das Fazit am Ende der beiden Workshoptage lautete: Die Abteilung Fort- und Weiterbildung wird künftig ihre reine Angebotsorientierung aufgeben (das bedeutet z. B. den Verzicht auf einen jährlichen Veranstaltungskalender) und als interner Dienstleister stärker als bisher auf den Kunden maßgeschneiderte Qualifizierungsmaßnahmen für Personen und Systeme offerieren und durchführen, so wie es in den Anforderungen der Fachbereiche auch zunehmend verlangt wird. Standardtrainings und -seminare werden weiter in den Hintergrund treten zugunsten der Projektberatung und der Mitwirkung im Projektmanagement. Die Kundenbefragung zeigte darüber hinaus, daß der „Mehrwert" der Maßnahmen künftig deutlicher als bisher nachgewiesen werden muß. Dies erfordert insbesodere das verstärkte „Ankoppeln" an die Ausgangspunkte und Rahmenbedingungen der Auftraggeber, von denen aus trotzdem Kontrapunkte gesetzt und Entwicklungswege aufgezeigt und beschritten werden.

Die übrigen Personalbereiche kamen zu analogen Erkenntnissen. Richtungsweisendes Ergebnis dieser Reflexionsarbeit war, daß die Vision vom „omnipotenten Personaldienstleister" zwar aus der Perspektive der Mitarbeiterinnen und Mitarbeiter reizvoll, aber weder vom Qualifikationsaufwand noch von der Akzeptanz der Kunden her machbar schien. So sprachen sich die Kunden z. B. deutlich für die Trennung von Personalbetreuung (inkl. Abmahnung und Freisetzung) und Personalentwicklung aus.

Phase 4: Zusammenführung der Arbeitsergebnisse auf Bereichsebene und erste Zwischenbilanz

Man schrieb mittlerweile das Jahr 1992, als die Arbeitsergebnisse auf Bereichsebene unter der Federführung des Bereichsleiters Personal am Standort und mit Hilfe eines externen Beraters und Moderators zusammengeführt wurden. Die verschiedenen Sichtweisen der einzelnen Abteilungen wurden zusammengetragen, gewichtet, von unseren Kunden formulierte Fremdbilder waren zu reflektieren, ebenso Herausforderungen wie z. B. die mögliche Abwanderung unserer Kunden an externe Dienstleister.

Über einen Zeitraum von acht Monaten wechselten sich eintägige Workshops zur weiteren Aufgaben- und Rollenklärung der Mitarbeiterinnen und Mitarbeiter im Personalbereich mit Workshops der leitenden Führungskräfte zur Entscheidungsfindung im Gesamtprozeß ab.

Die Konturen der künftigen Personalarbeit traten immer klarer hervor – allerdings vorerst nur in den Köpfen. Das Gewohnte zu verlassen, in neuen Aufgabenfeldern Neues zu erproben, zu experimentieren, das Arbeiten auf Anforderungen der Kunden bereitete vielen Mitarbeitern und Führungskräften immer noch Schwierigkeiten, verursachte Frustrationen und Widerstände, auch wenn die Betroffenen in die Neudefinition ihrer Arbeitsfelder einbezogen waren. Es gab Rückfälle in alte Rollenmuster. Aber auch in der neuen Rolle ging so mancher Schuß über das Ziel hinaus; teilweise waren die Kunden von dem vehement offerierten Dienstleistungsspektrum regelrecht erschlagen. Das alles kostete Zeit – wesentlich mehr, als man ursprünglich gedacht hatte. Und es führte auch dazu, daß sich einzelne Mitarbeiter für den Wechsel in andere Bereiche entschieden.

Trotzdem schritt der Veränderungsprozeß Zug um Zug voran. Leitvorstellungen wurden weiterentwickelt und differenziert, die Hinwendung zur kundenorientierten, bedarfsgerechten Dienstleistung im partnerschaftlichen Nutzenaustausch unumkehrbar festgeschrieben. Aus den Leitvorstellungen ergaben sich neue Qualifizierungskonzepte für die Mitarbeiterinnen und Mitarbeiter des Personalbereichs.

Als sehr hilfreich erwies sich die Einführung einer bereichsinternen Regelkommunikation, mit deren Hilfe Mißverständnisse, Doppelarbeiten und andere Probleme im „Frühwarnsystem" zeitnah erkannt und abgefangen werden konnten, bevor die Folgen nach außen sichtbar wurden. Förderlich war auch die professionelle Zuarbeit durch externe Kräfte, die durch gezielte Interventionen die unterschiedlichen Diskussionsebenen (z. B. Managementebene, Sachebene, psychosoziale Ebene) aufzeigten und im Interesse der zügigen Klärung trennten.

Nun ist straffe Führung erforderlich, um die strategische Zielsetzung eines internen Dienstleisters durchzusetzen. Handlungssicherheit muß geschaffen werden, um die Dynamik aus Irritation und Frustration, aber auch Zuversicht, Risikofreude und Vorwärtsstreben zu kanalisieren und synergetisch zu nutzen. Der Anfang ist getan, aber die Veränderung muß zur Kultur werden, und da bleibt noch einiges zu tun.

Auch an den anderen Standorten ist die Entwicklung vorangeschritten. Je intensiver die Diskussion am einzelnen Standort geführt wurde, desto mehr Irritation, aber auch Aufbruchstimmung entstand dabei. Der Druck der Fachbereiche (Produktionsleistungszentren) wird vor allem für diejenigen Personalbereiche spürbar steigen und zu ihrer Schwächung führen, die sich der neuen Herausforderung zu entziehen versuchen.

Resümee

Nach gut drei Jahren intensiver Veränderungsarbeit ergibt sich aus der Sicht eines Betroffenen, der gleichzeitig auch „change agent" war, schließlich das folgende Fazit: Es war ein langer, arbeitsreicher, aufwendiger Weg, begleitet und erschwert von Unwägbarkeiten, Widerständen und Irritationen. Von den Beteiligten wurde viel verlangt, teilweise zuviel. Rollen- und Handlungsmuster wurden aufgebrochen, Sicherheit ging verloren, die Orientierung zu behalten, fiel streckenweise schwer. Aber unter dem Strich hat sich die Mühe mehr als gelohnt, wenn man die Haben-Seite des Veränderungskontos betrachtet: Innerhalb des Personalbereiches

- steigt die Akzeptanz der neuen Rolle als interner Dienstleister,

- entdecken die Mitarbeiterinnen und Mitarbeiter die Wertigkeit ihres Aufgabenfeldes für das Unternehmen neu,

- wachsen Transparenz, Kooperationsbereitschaft und Vernetzung,

- wächst das Wir-Gefühl in der neuen Rolle als Dienstleister,

- verbessert sich der Informationsfluß durch die Regelkommunikation.

- entwickelt sich eine gemeinsame Sprache gegenüber dem Kunden und

- agieren wir mehr, anstatt zu reagieren.

Auf der Seite unserer Kunden

- erkennt und akzeptiert man den gegenwärtigen Lernprozeß des Personalbereichs,

- steigt die Akzeptanz des neu definierten Dienstleistungsangebots,

- wird die verbesserte Informationsarbeit positiv wahrgenommen und

- erkennt und honoriert man die verstärkte Kundenorientierung, Flexibilität, Termintreue und die Fähigkeit, „klassische" Felder der Personalarbeit in die Verantwortung der Fachbereiche zu übergeben.

Welche Empfehlungen ergeben sich daraus für den einzelnen und für das System „Personalbereich"?

Für den einzelnen:

- Handle selbst im Veränderungsprozeß, oder du wirst vom Schicksal behandelt.

- Akzeptiere die Wahrheit, so wie sie ist und nicht, wie du sie gerne hättest.

- Verändere, bevor andere es tun.

- Wenn Du aber dadurch keinen Wettbewerbsvorteil erzielen kannst, dann laß es sein.

Für das System:

- Klare und realistische Leitvorstellungen und Ziele von Beginn an helfen, Orientierungsverluste und Irritationen zu verringern.

- Wenn Kunden frühzeitig in den Prozeß eingebunden werden,

gewinnt der Personalbereich Akzeptanz und Richtungsinformation für den Entwicklungsprozeß.

- Von Anfang an müssen alle Mitarbeiterinnen und Mitarbeiter des Personalbereichs eingebunden und umfassend informiert werden.

- Die Leitvorstellungen und Ziele sollten konsequent verfolgt und umgesetzt werden, ohne sie jedoch zu früh aus der Diskussion zu nehmen.

- Wo nur Türschilder gewechselt werden, wird man bald leere Büros dahinter finden. Deshalb:

- Agil macht stabil!

Neue Arbeitszeitgestaltung als Beitrag zu Flexibilität und Wertschöpfung

Manfred Theunert

Anfang 1983 trafen zwei Ereignisse zusammen, die den gedanklichen Ausgangspunkt des Arbeitszeitmodells bei BMW im Werk Regensburg bildeten:

- Die ersten konkreten personalpolitischen Planungsüberlegungen für unser neues Werk Regensburg, wobei aufgrund einer Investitionssumme von rund 1,7 Mrd. DM natürlich den Fragen der Arbeitszeit und Betriebszeit von Anfang an eine besondere Bedeutung zukam, und

- die im Rahmen eines BMW-internen Arbeitszeit-Szenarios gewonnene Erkenntnis, daß trotz aller guten Argumente von Arbeitgeberseite die gewerkschaftliche Forderung nach tariflicher Arbeitszeitverkürzung in der Metallindustrie nicht mehr aufzuhalten sein würde (was sich mit der Arbeitszeitverkürzung auf 35 Stunden voraussichtlich ab 1995 auch bestätigt hat).

Grundgedanken des Regensburger Modells

Was lag also näher, als innerhalb der Gestaltungsmöglichkeiten, die ein neues Werk bietet, nach Wegen zu suchen, die unvermeidliche Arbeitszeitverkürzung wirtschaftlich verkraftbar zu machen und damit frühzeitig einen konstruktiven Lösungsansatz in der damals festgefahrenen Arbeitszeitdiskussion zwischen Arbeitgeber- und Gewerkschaftsseite zu finden?

Der Lösungsansatz unseres Modells liegt darin, die aus der Verkürzung der persönlichen Arbeitszeit resultierende Verschlechterung der Kosten- und Wettbewerbssituation durch die mit einer Verlängerung der Betriebszeit verbundenen Produktivitäts- und Kostenvorteile zumindest zu kompensieren oder besser noch einem positiven Gesamtergebnis zuzuführen, um damit die Wettbewerbsfähigkeit zu verbessern.

Die drei Bausteine des Arbeitszeitmodells

Im folgenden ist dargestellt, wie die spezifische Problemlösung aussieht, die wir im BMW-Werk Regensburg erarbeitet und realisiert haben. Unser Arbeitszeitmodell besteht aus drei Grundbausteinen:

- dem 99-Stunden-Schichtmodell für die Produktion und die produktionsnahen Bereiche in Regensburg,

- dem 90-Stunden-Schichtmodell für unser Zweigwerk in Wackersdorf und

- dem Gleitzeitmodell für den Verwaltungsbereich in Regensburg und Wackersdorf.

Alle Bausteine sind inhaltlich aufeinander zugeschnitten und stellen eine konzeptionelle Einheit dar, obwohl ihr Einsatz auch unabhängig voneinander möglich wäre.

Das 99-Stunden-Modell

Nach einer Übergangsregelung für die Inbetriebnahmephase des Werkes und dem Einschichtbetrieb gilt seit Juni 1990 im Werk Regensburg das 99-Stunden-Schichtmodell im 2-Schicht-Betrieb.

Dabei wird im Werk von Montag bis Samstag in insgesamt 11 Schichten gearbeitet. Nachdem die Schichtzeit 9 Stunden beträgt, ergibt sich eine wöchentliche Betriebszeit von 99 Stunden.

Der einzelne Mitarbeiter erbringt die persönliche Arbeitszeit in einem 3-wöchigen Schichtplan. In diesem 3-Wochen-Rhythmus arbeitet jeder Mitarbeiter an 11 Arbeitstagen und hat damit aufgrund der 9-Stunden-Schicht eine durchschnittliche wöchentliche Arbeitszeit von 33 Stunden.

Für die Differenz zur tariflichen Arbeitszeit von derzeit 36 Stunden (voraussichtlich ab 01.10.1995 35 Stunden) sind zwei Aspekte von Bedeutung:

- Zum einen ist ein Kontingent an zusätzlichen Schichten vereinbart (sog. Ausgleichsschichten). 1994 sind dabei z.B. 8 Schichten zu leisten, die sich bis 1996 auf 5 Schichten reduzieren.

- Zum anderen erhalten die Mitarbeiter eine Lohnausgleichzahlung, die auf der Basis der 35 Stunden-Woche insgesamt eine Stunde beträgt. Dies wird aus den Ergebnisvorteilen bezahlt, die durch die höhere Kapazitätsauslastung erreicht wird.

Die Ausgleichsschichten werden teilweise individuell und teilweise kollektiv erbracht. Es ergibt sich folgende Verteilung:

- Zwei Ausgleichsschichten werden für betrieblich notwendige Fortbildung (z.B. Schulung für Gruppenarbeit, Sekundärfunktionen, Qualitätstage, Lernstatt) reserviert. Damit konnte ein Teil der entfallenen Arbeitszeit in betriebliche Fortbildung umgewandelt werden, eine gerade wegen des steigenden Qualifizierungsbedarfs im Rahmen der neuen Arbeitsstrukturen zukunftsorientierte Regelung.

- Zwei Ausgleichsschichten pro Mitarbeiter können jährlich als Samstag-Spätschichten gearbeitet werden, soweit dies aus Kapazitätsgründen notwendig ist.

- Die restlichen Ausgleichsschichten werden wie bisher als flexible Ausgleichsschichten vom Mitarbeiter erbracht.

- Zwei weitere Grundelemente des Schichtmodells sind ebenfalls flexibel gestaltet. Die kollektive Produktionsunterbrechung (Betriebsurlaub) wird jährlich nach betrieblichen Notwendigkeiten vereinbart. Auch die Brotzeitpause kann nach betrieblichen Erfordernissen in Abstimmung mit dem Betriebsrat kollektiv oder individuell (Pausendurchlauf) gewährt werden, das heißt, die Produktionskapazitäten können über die feste bzw. flexible Brotzeitpause eingeschränkt oder ausgeweitet werden.

Damit besteht das Regensburger 99-Stunden-Modell aus fixen und flexiblen Bestandteilen (siehe Abbildung auf Seite 123). Die fixen Bestandteile (9-Stunden-Tag und Samstag-Frühschicht) ergeben eine Zusatzkapazität von 24,2 Prozent gegenüber einem herkömmlichen Zweischicht-Betrieb. Die flexiblen Bestandteile (Brotzeitpause, Produktionsunterbrechung, Samstag-Spätschicht) ergeben eine mögliche Zusatzkapazität von weiteren 10,4 Prozent. Im Ergebnis kann also entsprechend den betrieblichen Erfordernissen insgesamt eine zusätzliche Kapazität zwischen 24,2 und 34,6 Prozent eingesetzt werden.

Vorteile und Beitrag zur Wirtschaftlichkeit
Mehr als 7 Jahre nach der Einführung der ersten Stufe des Schichtmodells und rund 6 Jahre nach Einführung der Sams-

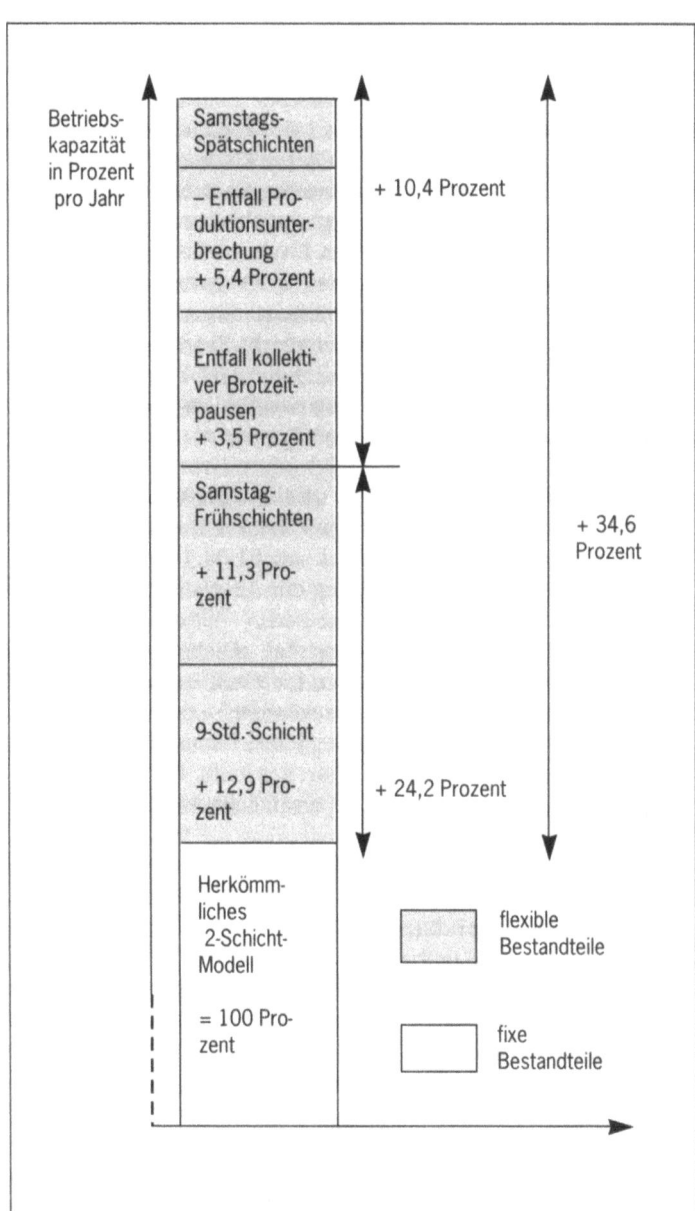

tagsarbeit im Werk Regensburg läßt sich folgende Bilanz ziehen:

- Wir konnten die Produktion wie geplant steigern. Der Zweischicht-Betrieb bringt in der inzwischen erreichten vollen Auslastung auch ohne Samstag-Spätschicht immerhin noch eine Kapazitätssteigerung von bis zu 35 Prozent gegenüber einem herkömmlichen Zweischicht-Betrieb. Außerdem läßt sich feststellen, daß das Arbeitszeitmodell für unser Werk im Hinblick auf eine bessere Kapazitätsauslastung ähnliche Vorteile wie ein Dreischicht-Betrieb bietet, ohne dabei die entsprechenden Nachteile und Belastungen aus arbeitsmedizinischer Sicht aufzuweisen, da es sich um ein reines Zweischicht-Modell handelt.

- Wir bieten den Mitarbeitern seit 01.05.1988 eine durchschnittliche persönliche 4-Tage-Woche mit einer Arbeitszeit von zunächst 36 Stunden und seit 01.04.1993 von ca. 35 Stunden unter Berücksichtigung der Ausgleichsschichten.

- Aus der Produktionssteigerung bei gleichzeitiger Arbeitszeitverkürzung resultierte allein im Werk Regensburg – das heißt ohne das Zweigwerk Wackersdorf – ein Belegschaftsanstieg gegenüber der ursprünglichen Planung in Höhe von ca. 4000 auf ca. 6500 Mitarbeiter, das heißt, wir haben durch das Arbeitszeitmodell ca. 2500 zusätzliche Arbeitsplätze „aus dem Hut gezaubert".

Aus vielen Gesprächen mit Mitarbeitern und Führungskräften wissen wir, daß unsere Belegschaft die neue Arbeitszeitregelung positiv bewertet.

Das 90-Stunden-Modell

Bis 1993 war für die Produktionsbereiche in Wackersdorf (Kleinteilefertigung und Cabrio-Fertigung) die Einbeziehung des Samstages als Betriebszeit nicht erforderlich. Mit der ab 01.04. 1993 geltenden Betriebsvereinbarung ist dies künftig möglich.

Die Regelung der Kleinteilefertigung wurde mit dem Produktionsanlauf unseres neuen 3er-Cabrios auch auf die Cabrio-Fertigung übertragen. Dieses Arbeitszeitmodell umfaßt im Zweischicht-Betrieb eine Betriebszeit von Montag bis Freitag von zweimal 9 Stunden. Der einzelne Mitarbeiter arbeitet persönlich 4 Tage à 9 Stunden mit einem im Wochenrhythmus rollierenden freien Tag, woraus sich insgesamt ein zehnwöchiger Schichtrhythmus ergibt.

Neu ist, daß die jahreszeitlich bedingten Produktionsschwankungen in der Cabrio-Fertigung ausgeglichen werden können. In Zeiten hoher Nachfrage werden dabei Samstagsschichten geleistet. Diese werden in Zeiten geringerer Nachfrage durch nicht zu leistende Schichten ausgeglichen. Im Durchschnitt wird damit für den Mitarbeiter wieder die 4-Tage-Woche erreicht. Die Betriebszeit kann demzufolge auf 99 Stunden ausgedehnt bzw. auf 81 Stunden reduziert werden, soweit die jahreszeitliche Nachfrage dies erfordert.

Die „Wackersdorfer" Arbeitszeit stellt einen wichtigen Lösungsansatz dar, einen im Jahresverlauf unterschiedlichen Produktionsanfall nicht über Personalmaßnahmen, sondern über die Saisonalisierung von Arbeits- und Betriebszeit zu kompensieren.

Die Gleitzeitregelung

Einführung der Gleitzeitregelung ab Mai 1988: Aus den beiden Schichtsystemen ergibt sich auch für den Verwaltungsbereich die Notwendigkeit, in begrenztem Umfang an Samstagen zu arbeiten. Die betrieblich notwendige Samstagsarbeit ist je nach Fachbereich mit ca. 5 – 20 Prozent anzusetzen. So lag es nahe, hierfür kein starres Schichtsystem, sondern ein flexibles Gleitzeitsystem einzuführen, das dem Mitarbeiter im Rahmen der betrieblichen Möglichkeiten persönliche Gestaltungsfreiräume bei der Einteilung seiner Arbeitszeit bietet.

Im einzelnen standen für die Erarbeitung der Regensburger Gleitzeitregelung folgende Ziele im Vordergrund:

- Die Auflösung des traditionellen „Gleitzeitkonfliktes" Mitarbeiter <-> Vorgesetzter durch eine stärkere und direktere Verpflichtung des Mitarbeiters, die betrieblichen Belange gleichrangig mit den persönlichen Interessen zu berücksichtigen.

- Die Einbeziehung des Samstages unter gleichzeitiger Beibehaltung der durchschnittlichen persönlichen 5-Tage-Woche.

- Eine klare Trennung von Gleitzeitstunden und Überstunden.

Mit dem Abschluß der ab Mai 1988 geltenden Gleitzeit-Betriebsvereinbarung wurden diese Ziele verwirklicht. Grundprinzip ist dabei ein ausgewogenes Verhältnis von Rechten und Pflichten für alle Mitarbeiter, die an der Gleitzeit teilnehmen. Bereits im Grundsatz der Regelung wird ausgedrückt, daß der Mitarbeiter eigenverantwortlich seine persönlichen Bedürfnisse und die betrieblichen Belange bei der Einteilung seiner Arbeitszeit zu berücksichtigen hat.

Neben der bei Gleitzeitregelungen üblichen Flexibilität bezüglich Lage und Dauer der täglichen Arbeitszeit beinhaltet die Regensburger Regelung eine zusätzliche Gleitzeitdimension (siehe Abbildung auf Seite 127) mit der Möglichkeit, die wöchentliche Sollarbeitszeit von 5 Tagen auf alle 6 Werktage (Montag bis Samstag) zu verteilen.

Damit kann der Mitarbeiter für seine persönliche Arbeitszeit wöchentlich zwischen 4, 5 und 6 Werktagen wählen. Einzelne Mitarbeiter decken so die vom Vorgesetzten der jeweiligen Gruppe vorgegebene Mindestanwesenheit am Samstag ab. Die Mitarbeiter der Gruppe entscheiden im Rahmen der Gleitzeit selbständig, wer an welchem Samstag anwesend ist.

Dabei ist Samstagsarbeit auch über das betrieblich notwendige Mindestmaß hinaus auf freiwilliger Basis möglich (Beispiel: Der Ehepartner des Mitarbeiters arbeitet im Einzelhandel regelmäßig an Samstagen. Der Mitarbeiter bevorzugt freie Tage während der

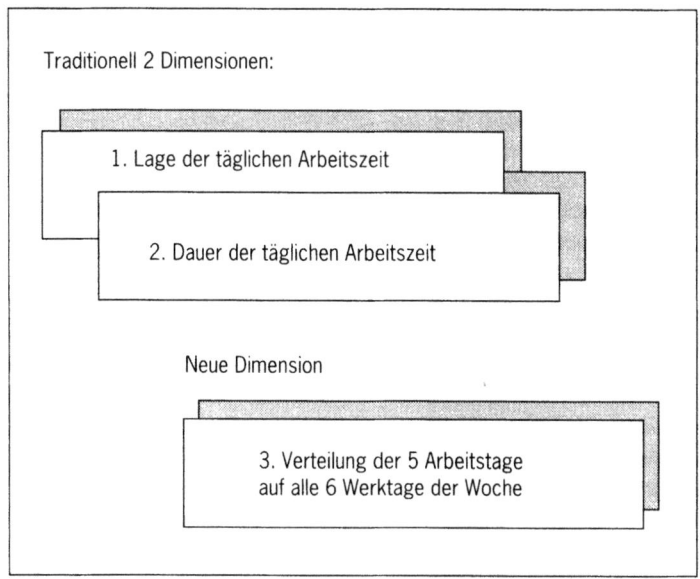

Woche und arbeitet dafür an Samstagen). Im Idealfall wird damit die im begrenzten Umfang notwendige Samstagsarbeit auf freiwilliger Basis abgedeckt. Die regelmäßige 5-Tage-Woche bleibt dabei bestehen, weil der Mitarbeiter entweder in der laufenden oder in der nächsten Woche für den gearbeiteten Samstag einen freien Tag (den sogenannten Ausgleichstag) einbringt.

Zusätzlich zu den Ausgleichstagen konnte der Mitarbeiter bis zu 2 Gleittage im Monat, maximal 12 pro Jahr, in Anspruch nehmen. Da hierfür eine entsprechende „Verteilungsmasse" erforderlich ist, wurde der Gleitzeitrahmen zunächst auf monatlich +/- 15 Stunden festgelegt. Dieser Gleitzeitrahmen bietet dem Mitarbeiter einen zeitlichen Gestaltungsspielraum mit entsprechender Verantwortung für die betrieblichen Belange seiner Arbeit (Prinzip der Delegation von „Rechten und Pflichten" – siehe Abbildung oben).

Daraus folgt, daß innerhalb dieses Gleitzeitrahmens definitionsgemäß keine Überstunden anfallen. Damit ist eine klare Trennung

Gleitzeit als Erweiterung des Prinzips der Delegation

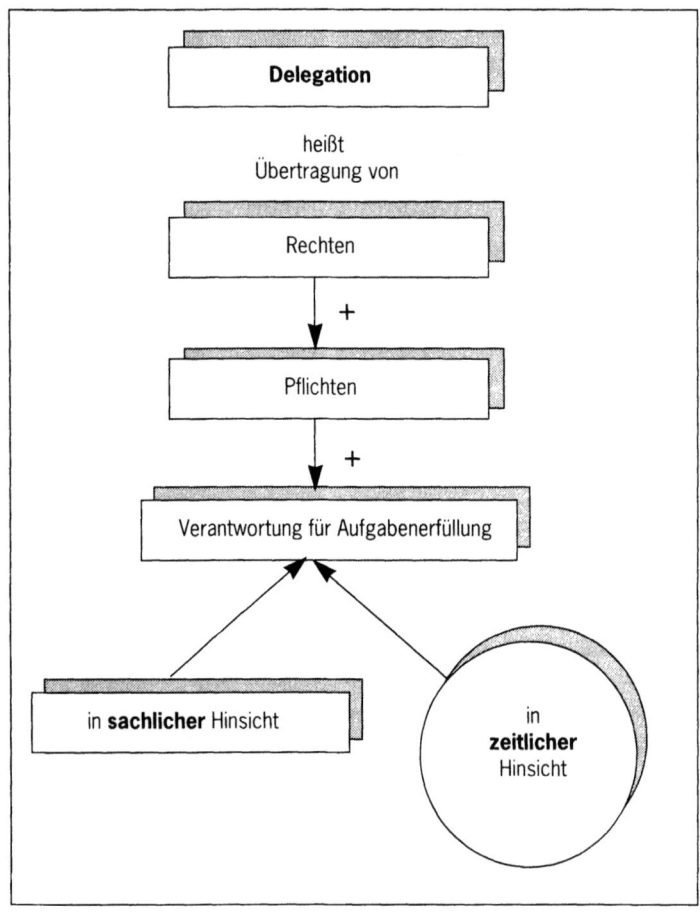

von Gleitzeit und Überstunden erreicht. Die Gleitzeitregelung galt auch nach Einführung des Zweischicht-Betriebes zunächst unverändert weiter.

Erweiterung des Gleitzeitmodells ab 01.04.1993

Bereits seit ihrer Einführung im Jahr 1988 war die Gleitzeitregelung des Standortes Regensburg geprägt von dem Ziel, dem Mitarbeiter persönliche Gestaltungsfreiräume zu bieten und gleichzeitig die betrieblichen Erfordernisse abzudecken.

Wie erwähnt, hatte jeder Mitarbeiter bisher schon die Verpflichtung, betriebliche Belange und persönliche Interessen bei der Einteilung seiner Arbeit gleichermaßen zu berücksichtigen. Der Samstag war und ist ein möglicher Arbeitstag unter gleichzeitiger Beibehaltung der 5-Tage-Woche, und der Teamgedanke wird gefördert durch den notwendigen Abstimmungsprozeß für Arbeitseinteilung und Anwesenheit in den Arbeitsgruppen.

Diese Komponenten wurden nun in mehrfacher Hinsicht weiterentwickelt mit dem Ziel, den arbeitszeitbezogenen Entscheidungs- und Gestaltungsspielraum unserer Mitarbeiter nochmals zu erweitern.

Zunächst wurde durch die Ausdehnung des Ausgleichszeitraumes auf 6 Monate (Kalenderhalbjahr) die Flexibilisierung gestärkt. Dies ermöglicht es dem Mitarbeiter und dem Vorgesetzten noch besser als bisher, den Grundsatz der Eigenverantwortlichkeit des Mitarbeiters bei der Einteilung der Arbeitszeit zu berücksichtigen. Dazu dient auch die neue Grenze des Gleitzeitguthabens bzw. Gleitzeitdefizites von +/– 40 Stunden am Ende des sechsmonatigen Ausgleichszeitraumes.

Die klare Trennung zwischen Gleitzeit und Überstunden wurde auch in der erweiterten Regelung beibehalten. Innerhalb des Ausgleichszeitraumes besteht damit für Guthaben (und auch für Defizite) keine Beschränkung. Erst bei einem Überschreiten des 40-Stunden-Guthabens nach Ablauf des Ausgleichszeitraumes fallen Überstunden an, die mit 50 Prozent Zuschlag bezahlt werden, soweit sie im üblichen Verfahren genehmigt wurden.

Eine Erweiterung des Gestaltungsspielraumes stellt auch die Tatsache dar, daß es eine Begrenzung der Gleittage nicht mehr

Übersicht der bisherigen und neuen Elemente der Gleitzeitregelung

bisher:	neu:
■ gleichrangig: betriebl. Notwendigkeiten und persönliche Interessen (Präambel) – Delegationsprinzip	■ Ausgleichszeitraum 6 Monate
	■ GLAZ-Guthaben +/- 40 Stunden
■ Verteilung der Arbeitszeit (Einbezug des Samstags)	■ Überstunden nach 6 Monaten ab 41. Stunde = 50 Prozent
■ Förderung des Teamgedankens	■ Gleittage unbegrenzt
■ klare Trennung GLAZ-Überstunden	■ Rahmenarbeitszeit 06.30 - 18.30 Uhr
	■ Kernarbeitszeit 08.30 - 14.00 Uhr

gibt. In Verbindung mit dem erweiterten Gleitzeitguthaben besteht damit verstärkt die Möglichkeit, auch längere Freizeitblöcke zu nutzen.

Weitere Veränderungen wurden auch bei den täglichen Arbeitszeiten durchgeführt; dabei ist die um 30 Minuten verlängerte Rahmenarbeitszeit (06.30 Uhr bis 18.30 Uhr) und die um 30 Minuten verkürzte Kernarbeitszeit (08.30 Uhr bis 14.00 Uhr) erwähnenswert.

Die neuen Bausteine der Gleitzeitregelung des Standortes Regensburg (Übersicht siehe oben) fügen sich damit nahtlos in die eingangs erwähnte Zielsetzung ein. Sie ergänzen auch die bisherigen Grundsätze einer Regelung, die aus einem ausgewogenen Verhältnis von Rechten und Pflichten für die Mitarbeiter besteht, die an der Gleitzeit teilnehmen.

Die Rolle des Personalwesens im Prozeß

Vorbereitungsphase

In der Vorbereitungsphase stand der strategische Ansatz und die Planungskompetenz im Vordergrund. Dabei erfolgte eine umfassende Analyse der betrieblichen Situation und der Umfeldbedingungen (siehe Abbildung auf Seite 132). Gleichzeitig galt es, die Fachbereiche einzubinden und die arbeitsrechtlichen Voraussetzungen zu schaffen. Alle Mitarbeiter, die ab 1983 neu eingestellt wurden, erhielten entsprechende Arbeitsverträge. Zu dieser Phase gehörte auch eine Sensibilisierung der öffentlichen und veröffentlichten Meinungen zu diesem Thema. Insgesamt war das Personalwesen in einer typischen „Gestalterrolle".

Verhandlungsphase

Die Verhandlungsphase mit dem Betriebsrat gestaltete sich schwierig und war von verschiedenen Umfeldstimmen geprägt. Beharrlichkeit im Ziel und Flexibilität für den Weg waren die wesentlichen Anforderungen an das Personalwesen: Gleichzeitig galt es, Information und Kommunikation mit der notwendigen Auswahl in bezug auf die Vertraulichkeit zu betreiben.

Einführungsphase

Im Sinne des „Kunden-Lieferanten-Prinzips" galt es, alle Beteiligten mit den Inhalten und Regelungen zielgruppenorientiert vertraut zu machen. Für die Führungskräfte waren der unternehmerische Ansatz und die Inhalte von besonderer Bedeutung. Die „Umsetzer", z.B. die Sekretärinnen, wurden mit neuen Systemen und Hilfsmitteln der Lohndatenerfassung usw. vertraut gemacht. Information und Kommunikation, Schulung und Betreuung waren die wichtigsten Aspekte. Dazu gehört für die Personalreferenten insbesondere Methoden- und Sozialkompetenz.

Analyse der betrieblichen Situation und der Umfeldbedingungen

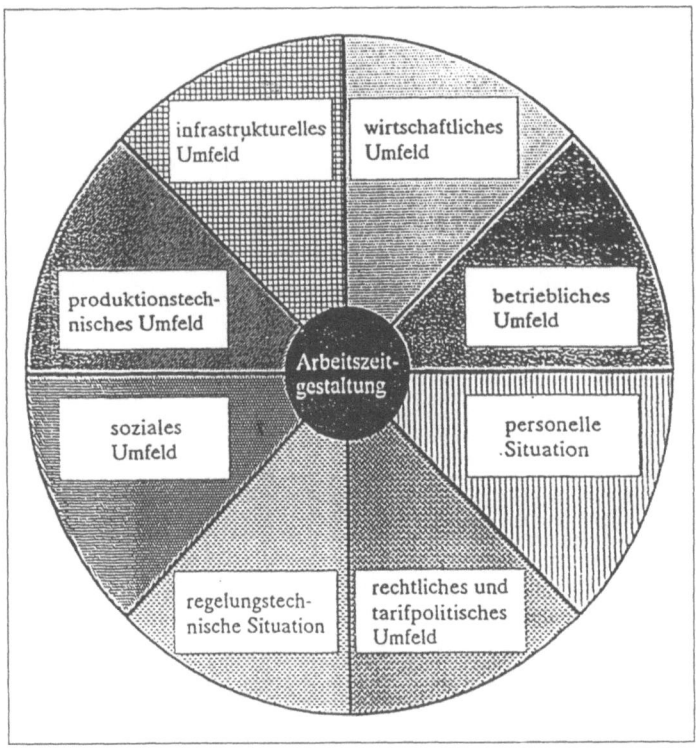

Veränderungsphase

Während dieser Phase, im Herbst 1992, waren der strategische Ansatz und die Umsetzungskompetenz gleichermaßen von Bedeutung. Unter Berücksichtigung der tariflichen und betrieblichen Entwicklungen galt es, eine „maßgeschneiderte" Lösung zu finden. Die bestehende Akzeptanz unterstützte den Prozeß der Information und Kommunikation der Veränderungen ganz erheblich.

Voraussetzungen für die erfolgreiche Einführung von Arbeitszeitmodellen

Bei der Einführung von Arbeitszeitmodellen ist insbesondere zu beachten:

- Entwicklung einer langfristigen Arbeitszeitstrategie,

- Bewertung von Kosten- und Nutzenwirkungen,
- frühzeitige Einbindung des Betriebsrates in die Konzeptdiskussion,

- Führungskräfte überzeugen,

- Bereichsegoismus überwinden,
- Umsetzungsprobleme diskutieren und lösen und

- rechtzeitige Information und Einbindung der Mitarbeiter.

Fazit: Es gibt keine Patentlösung, sondern nur zielgerichtete, an den konkreten Rahmenbedingungen und Zielsetzungen des einzelnen Unternehmens orientierte Lösungsansätze.

Unternehmensgrenzen öffnen – Perspektiven für ein neues Stabs- und Linienverständnis

François U. Escher

Die Auseinandersetzung mit der Zukunft interner Dienstleister kann sich der Frage über das Verhältnis zwischen Stabs- und Linienfunktionen und seiner Veränderungen in der Unternehmenswelt nicht ganz entziehen. Hat die so leicht hingenommene Stabs- und Linien-Rollenverteilung heute und in Zukunft noch Bestand? Hat sich seit den ersten Beschreibungen, die ins frühe 19. Jahrhundert zurückreichen, und der heute in Unternehmen vorgefundenen Situation Grundsätzliches verändert, oder ist es eher ein neu gewonnener Blickwinkel, aus dem wir das Verhältnis heute wahrnehmen, der zu neuen Erkentnissen über die Wirklichkeit interner Dienstleistung führt?

Der nachfolgende Beitrag setzt sich in zweifacher Weise mit diesen Fragen auseinander: In einem ersten Teil versucht er, die Annahmen, die den unterschiedlichen Betrachtungsweisen des Stabs- und Linienverhältnisses zugrundeliegen, aufzudecken. Die Annahmen kreisen immer um die Frage, als was denn das Unternehmen verstanden wird: definiert als eine bestimmte Rechtsform mit Eigentümern und Ausführenden; als eine formale Organisation der funktionalen Arbeitsteilung; als eine Geschäftsform, in der Überlebensentscheidungen im globalen Konkurrenzkampf von der allein verantwortlichen Spitze getroffen werden; oder, wie wir es hier besonders ansprechen werden, als komplexes soziales System, das sich ständig selbst beobachtet und sich als Teil eines viel weiter gespannten Gesellschafts- und

Wirtschaftssystem versteht (vgl. Baecker 1993). Alle diese Sichtweisen vertreten einen anderen Erkenntnisanspruch. Dabei erweist sich rasch, daß, je nachdem als was man das Unternehmen versteht, sich auch die Beobachtungsweisen verändern, nach denen das Stabs- und Linienverhältnis wahrgenommen wird.

Nach diesen ersten Skizzen zu unterschiedlichen Betrachtungsweisen werden wir uns in einem zweiten Teil, fragen müssen, ob sich mit den verschiedenen Sichtweisen nicht auch die Vorstellung der „Grenzen" des Unternehmens verändern. Ist es denn nicht so, daß gerade solche Fragen wie die der Marktsegmentierung, der Spezialisierung des Know-how's, des Wettbewerbvorteils, der Gliederung nach Geschäftsbereichen oder Divisionen, völlig anders beurteilt werden, je nachdem wo ein Unternehmen seine Grenzen sieht? Von diesen Fragen ausgehend läßt sich wiederum zeigen, daß sich durch ein offeneres Grenzverständnis sowohl die Linienrolle als auch jene der internen Dienstleister vor neue Aufgaben gestellt sieht; mehr noch, daß sich die Unterscheidungen verflüchtigen.

Unsere Annahme hier ist folgende: Durch ein neues Grenzverständnis verändert sich unternehmensweit die Kommunikations- und Wissensumwelt, sowohl innerhalb als auch außerhalb des Unternehmens. Zwar wird vieles von der noch zu bauenden Hi-tech-Infrastruktur abhängen; vielmehr noch aber, wie uns scheint, von einem Unternehmensverständnis, das konsequent sich selbst als soziales evolutives System denkt, entwirft, und entsprechend handelt.

Unterschiedliche Stabs- und Linien-Betrachtungsweisen

Wenn die Balance zwischen Stabs- und Linienrollen aus dem Lot zu geraten droht, dann sind die Gründe dafür vielschichtig. Was sich anscheinend ausschließlich innerhalb der Organisation abspielt – oft etwa als Nebenresultat zunehmender Dezentralisierung beklagt –, erhält aus der Sicht dessen, was außerhalb des Unternehmens geschieht, in der Gesellschaft und ihren Funktionssystemen, wo sich in freier Kommunikation neues Wissen herausbildet, oder wo wirtschaftliche Bewertungen unter anderen Gesichtspunkten vorgenommen werden, zusätzliche Erklärungen. Auf diese möchte dieser Beitrag eingehen.

Nach unseren eigenen Beobachtungen sind dabei einige wesentliche, die Unternehmensgrenzen überschreitende Dimensionen zu betrachten: Die Tendenz einer fortdauernden „Ent- und Re-Segmentierung" sowie „Ent- und Re-Spezialisierung" marktorientierter Aktivitäten; und jene der Überwindung sowohl der Wettbewerbslogik, als auch der immer weiteren Divisionalisierungen, die der Organisationserhaltung dienen sollen.

Die neuen Aufgaben und Fragestellungen, die dabei auftauchen, haben gemeinsam, daß sie in erster Linie auf's „Relationieren" angelegt sind, also: Grenzen zu überschreiten; Beziehungsnetze zu knüpfen; neue Zusammenhänge zwischen ganz unterschiedlichen Themen- bzw. Aufgabenverständnissen zu verwirklichen; endlich auch Transaktionen zwischen Unternehmen, Kunden und Partnern in neue ökonomische und temporale Bindungen zu verwandeln.

Alle diese Dimensionen wirken dynamisch und interdependent auf die inhaltliche Gestaltung unternehmerischer Ausrichtungen, Strategien, Prioritäten.

Dabei haben sie immer auch eine Veränderung des Verständnisses der Stabs- oder Linienaufgaben bzw. -rollen zur Folge.

Eine unserer Hypothesen ist es, daß sich Veränderungen des Linien-Stab-Verhältnisses – und also seiner jeweiligen unterschiedlichen Ausprägungen in der Form interner Dienstleistungen –, ähnlich wie Sensoren verhalten, die ständig veränderte Beziehungen zur Umwelt des Unternehmens registrieren und dadurch die Funktion haben, der Organisation neue Entscheidungsmuster anzubieten.

Aus einer system-theoretischen Sichtweise, nach der Unternehmen als soziale Systeme verstanden werden, könnte man sagen, daß es um die Erweiterung der Beobachterfähigkeit und des (Entscheidungs-) Selektionsangebots geht, das es der Organisation (das heißt dem System) erlaubt, neue Unterscheidungen einzuführen, um so dem Unternehmen seine zukunftsträchtige „Reproduktion" zu sichern. Konsequenterweise muß man dann allerdings akzeptieren, daß die Auseinandersetzung und Entscheidung über weiterführendes Handeln weder von der Autorität der Linie, noch vom Wissen der Stäbe, für sich allein beansprucht werden darf, sondern einzig von den Vereinbarungen abhängt, die das Unternehmen als System bereit ist, einzugehen.

Frühe Ansätze

Für Douglas McGregor, Autor des bereits 1960 erschienenen Buches „The Human Side of Enterprise", in dem er die Theorie X (Autorität und Kontrolle) der Theorie Y (Integration und Selbst-Kontrolle) gegenüberstellt, bildet das Stab-Linien-Problem den Kern schlechthin der unterschiedlichen Organisationsformen und der Unternehmensentwicklung. An ihm entscheidet sich, ob ein Unternehmen entwicklungsfähig ist und letzlich sein Ziel erreichen kann (vgl. McGregor 1960).

Zunächst die Aussage, die McGregor's Position unterstreicht: „Indirectly perhaps, but definitely and increasingly, the industrial organization of today is being run by the staff. Their knowledge and techniques have a profound influence on major decisions, they design and administer procedures, and their control functions provide much of the direction and control of the human resources of the enterprise" (McGregor 1960, S. 156). Fast dreißig Jahre später spricht Peter Drucker, ein Mann derselben Generation wie McGregor, vom Primat der „knowledge worker" und spricht im Grunde genau dieselbe Problematik an (vgl. Drucker 1988).

Der Gegensatz zwischen einerseits der Abhängigkeit der Linienautorität vom Wissen und Können der Stäbe, und andererseits der Unmöglichkeit für Wissensinhaber Führungsaufgaben wahrzunehmen, weil sonst die „Einheit des Kommandos" preisgegeben würde, kann nur durch gegenseitiges Vertrauen überbrückt werden. Die Basis des Vertrauens setzt aber, so McGregor, Delegation von Kontroll- und Koordinationsfunktionen voraus. Ohne es zu ahnen, greift hier McGregor bereits auf ein nicht mehr bloß strukturell faßbares Organisationsverständnis voraus.

Was schlägt McGregor konkret vor: Unterstützung (help), und meint damit Unterstützung, so wie sie von denen, die sie empfangen, definiert wird – also nicht von denjenigen, die sie geben. Damit setzt er für alle Hilfe, die geleistet werden soll, einen dialogischen Grundsatz voraus. Vier vitale Bereiche der Unterstützung sind angesprochen:

- Strategische Planung, im Sinne der Funktion des Architekten;

- Problemlösung, im Sinne des Design für die Ganzheit der Organisation;

- Respektierung der Managementkontrolle, im Sinne der Hilfe zur Selbstkontrolle;

- Wahrnehmung von Dienstleistungsaufgaben, im Sinne der Operationalisierung von Linienfunktionen.

Das Konstrukt mag noch so überzeugend sein, es wird mit dem Paradox der Macht der Linie, das heißt der Entscheidungsgewalt, nicht fertig: „There is, in fact, no solution to the problem of staff-line relationships in authoritative terms which will achieve organizational objectives adequatly." (McGregor 1960, S. 174).

Dem, was McGregor damals als Illustration für seine Gegenüberstellung ins Feld führen wollte, fehlte ein adequater (alternativer), sozial-theoretischer Bezugsrahmen darüber, wie sich die Unternehmung als soziales System verhält, als Subsystem Organisation. Es fehlten ihm auch Erfahrungen darüber, wie die Zeit- und Raumdimensionen auf der Basis virtuell grenzenloser Kommunikationsinfrastrukturen, mit welchen die Unternehmen zunehmend weltweit operieren, das Bild des Stab-Linienverhältnisses in einen neuen, ungeahnt dynamischen wirtschaftlichen Kontext gestellt haben. Über dreißg Jahre später, trotz systemtheoretischen Ansätzen und neueren Auseinandersetzungen mit Selbstorganisation, sind wir heute dennoch weit davon entfernt, in den Unternehmen ein offeneres Verständnis für die neuen Betrachtungsweisen gefunden zu haben.

Unterschiedliche Betrachtungsweisen: deskriptiv, reflexiv, evolutiv

Heute haben sich die Ausgangsperspektiven verändert, und damit auch die Betrachtungsweisen der Stab-Linie-Beziehung. Als Resultat ergeben sich sehr unterschiedliche Ansätze für das jeweilige Verständnis des Verhältnisses zwischen Stab und Linie.

Zunächst kann dieses – wie dies traditonell der Fall war – überwiegend deskriptiv begriffen werden, das heißt als mögliche Beschreibung der unterschiedlichen Aufgaben und Ziele in einer Organisation, die gekennzeichnet ist durch

- Arbeits- und Verantwortungsteiligkeit,
- Zweckorientiertheit,
- Steuerungsfähigkeit.

Im Gegensatz dazu läßt sich das Stab-Linien Verhältnis auch reflexiv, das heißt sich selbst beobachtend – aus der Warte aller Beteiligten – verstehen. Es befaßt sich dann vorwiegend mit Fragen wie zum Beispiel der

- Organisationsintegration,
- Differenzierung der Marktposition.

Das stets sich neu formierende Beziehungsnetz von Stab- und Linienverantwortlichen kann auch als überwiegend evolutiv verstanden werden, das heißt, eingebettet in ein viel weiteres

Umfeld als die Organisationsstruktur allein vermuten läßt – unsichtbar verstrickt in weltweiter sozialer und ökonomischer Interdependenz. Das Stab-Linien-Verhältnis ist dann zu verstehen als Möglichkeit der Wahrnehmung und der Abbildung des sich ständig verändernden Systemzustandes, im Sinne der

- Verständigungsorientierung,
- Offenheit für die (vergängliche) Zeitdimension.

Das Interessante an solch unterschiedlichen Betrachtungsweisen ist, daß sie heute alle gleichzeitig in der Unternehmenspraxis vorgefunden werden, ohne daß jedoch entsprechend direkte Fragen in bezug auf die Stab- und Linienpositionen aufgeworfen würden, geschweige denn Folgerungen daraus gezogen, wie sich die unterschiedlichen Betrachtungsweisen beispielsweise auf die Mitarbeiterevaluation und -entlohnung – Stichwort: competence-based pay – auswirken würden.

Um diesen Schritt zu tun, wäre es allerdings notwendig, die unterschiedlichen Betrachtungsweisen als dem jeweils entsprechenden unternehmerischen Gedankengut, das heißt, der Frage als was ein Unternehmen verstanden wird, zugehörig zu sehen.

Deskriptives Stab-Linien-Verständnis

Solche Überlegungen würden aufzeigen, daß es zu den typischen Merkmalen eines deskriptiven Verständnisses gehört, Stab- und Linienunterscheidung im control and command-Denken der Unternehmung zu verankern, das aus der militärischen Führungsphilosophie des 18. Jahhunderts hervorgegangen ist.

Stabsarbeit ist traditionell an das Medium der Schrift gebunden. Es ist das Berichtswesen, das Rapporte erstellt. Wer in analphabetischen Gesellschaften schreiben konnte, war geradezu dazu prädestiniert, ein Werkzeug der mit der Führung Beauftragten, der Hierarchie, zu werden. Information soll ja in erster Linie der dokumentierten Beobachtung dienen.

Durch die Schrift wird Führung „sachlich": So lehnt z.B. Sylvanus Thayer, Begründer um 1817 des Stab-Linien-Systems in der Militärakademie der Vereinigten Staaten, „die traditionelle Rolle des Führers ab. Er will keine direkte sichtbare Kommandogewalt. Er regiert indirekt, mittelbar, durch schriftliche Berichte, Tabellen, Memoranden, durch Personalakte" (vgl. Schanderer 1992).

Einem deskriptiven Verständnis folgend ist die Form des Unternehmens ein rechtlich und institutionell geschlossenes „Gebilde", das sich steuern läßt. Steuerung ist Garant von Effizienz und Effektivität. Die Unterscheidung zwischen Steuerung (Autorität) und Beobachtung (Wissen) kann dann nur kollaborativ überwunden werden, und nur insofern, als sie einem übergeordneten Unternehmensziel untergeordnet ist (vgl. McGregor 1960).

Will man diesen Sachverhalt mehr aus der Sicht der Systemtheorie erfassen, könnte man sagen, daß in einem Unternehmen, das als soziales System verstanden wird, der Stab als Instrument gesehen werden kann, das der Beobachtung (und des feed-back) des Systems dient, damit dieses von der Linie besser gesteuert werden kann: es dominiert, wörtlich, die Beobachtung als Selbstbeschreibung, also ein deskriptives Verständnis von Führung und damit der Unterscheidung zwischen Linie und Stab.

Reflexives Stab-Linien-Verständnis

Ganz anders aber gestaltet sich das Verständnis, wenn die Organisation, über die sachdienliche Beschreibung hinaus, sich selbst wahrzunehmen und zu verstehen versucht. Auf einmal werden Wissen und Fähigkeiten, von denen die gesamte Unternehmung abhängt, zu den überragenden Referenzwerten für die Überlebensfähigkeit der Organisation. Eine auf Wissen basierende Organisation – Wissen, das man so typisch in den „Köpfen" aller Mitarbeiter stecken glaubt – erfordert, daß sämtliche Mitglieder, in welcher Position und Funktion auch immer, Verantwortung für Organisationsziele, -beiträge, und -verhalten haben oder erhalten, und auch zu übernehmen bereit sind (vgl. Drucker 1993).

Diese gegenseitig verquickte Beziehung zwischen Wissen und Verantwortung begründet Organisationsformen, von denen wir mittlerweile heute wissen, daß sie der internen Interdependenz einerseits, der Spannung im äußeren Umfeld andererseits, besser Rechnung zu tragen vermögen: Sie sind flexibel, integrierend, dezentral, vernetzt, selbst-referentiell. Wissen, als Garant der Differenzierung, markiert die Wettbewerbsposition nach außen im globalen Markt.

Wollten wir das reflexive Verständnis wiederum systemtheoretisch ausdrücken, ließe sich sagen, daß es um die Unterscheidung geht, zwischen wer denn beobachtet, und was beobachtet wird. In einem Unternehmen, das als soziales System verstanden wird, nimmt der Stab, der zugleich Teil und Beobachter des Systems ist, beobachtend wahr, wie sich das System der Unternehmung mit den „Augen" der Linie selbst beobachtet. Selbstbezogenheit, Selbstreferenz dominiert und räumt dem reflexiven Verändnis seinen Platz in einem offenen, kybernetischen Führungsdenken ein.

Evolutives Stab-Linien-Verständnis

Gegenüber einem rein deskriptiven oder reflexiven Verständnis, liegt dem evolutiven Verständnis die Auffassung zugrunde, daß Organisationssysteme, also z.b. Unternehmen oder Institutionen, sich nicht als außerhalb des Gesellschaftssystems gesetzt, als Einheiten eigenständiger Steuerung, begreifen lassen. Ebensowenig können Zwecksetzungen, und gerade solche von Unternehmen, die gesellschaftlichen Nebenfolgen ihrer Durchsetzung ignorieren (vgl. Luhmann 1993, S. 60).

Mit Luhmann kann weiter gesagt werden: Um mit den Defiziten des Wissens und Könnens umzugehen, bedarf es neuer Verständigungen und zunehmender Bereitschaft kommunikativen Verhaltens. Eine auf die zeitliche eher als auf die sachliche Dimension angelegte Relationierung zwischen anderen Organisationsystemen ließe „weltgesellschaftliche" Lösungspotentiale neu entstehen und reproduzieren (vgl. Luhmann 1993, S. 61).

Systemtheoretisch gesehen geht es erneut um beobachten und beobachtet werden. Wird die Unternehmung als Teilsystem des sozialen Systems verstanden, dann verlagern sich die Beobachtungen auf die Ebene der Beobachtung zweiter Ordnung. Der Stab nimmt sich selbst und andere Stäbe beobachtend wahr, wie jene beobachtend das System der Wirtschaft, der Gesellschaft beobachten, und handelnd daran anschließen. Mit solchen Beobachtungen geht es Unternehmen in erster Linie darum, weiterführende, den Systemwelten eigene Vereinbarungen wahrzunehmen und sich fortdauernd daran zu orientieren. (Ein Beispiel hierzu wäre etwa der Prozeß der Preisbildung.) Stäbe werden zu „Schnittstellen" des Systems Unternehmen mit den gleichzeitig vernetzten und beobachteten Systemen der Wirtschaft, Gesellschaft, Wissenschaft, die einem evolutiven Verständnis zugrundeliegen.

Sich durch neue Sichtweisen Unternehmensgrenzen öffnen...

Unsere Behauptung über die vermehrte „Öffnung" der Grenzen stellt nun aber auch die Frage, ob Unternehmen fähig sind, sich selbst zu verstehen, und unterscheiden können, was „innen" und „außen" ist. In der Sprache der Systemtheorie würde man die Frage nach dem Zustand des jeweiligen Systems und dessen Umwelt stellen. Dabei geht es um verschiedene Arten von Grenzen. Grenzen innerhalb von Organisations-Systemen: zwischen Entscheidungs- und Wissensverantwortung; Grenzen zwischen Organisationssystemen und dem System der Gesellschaft und seinen funktionalen Teilsystemen; Grenzen und funktionale Teilsysteme des Gesellschaftssystems selbst. Sie alle implizieren, je nachdem auf welche Offenheit man bereit ist, sich einzulassen, immer auch ein verschiedenes Stab-Linien-Verständnis.

Die sehr hohe Ausdifferenzierung funktionaler Systeme weltweit, und die Hypertrophie von Organisationen und ihrer strikt gekoppelten Entscheidungsvorgänge, haben, wie Luhmann feststellt, eine stete Änderbarkeit aller Strukturen, die permanente Kontingenz aller Festlegungen, und deshalb den Verzicht auf Zentralregulierung zur Folge (vgl. Luhmann 1993, S. 59).

Unter diesen Gesichtspunkten stellt sich daher mehr denn je die Frage, welche weltgesellschaftlichen Steuerungsleistungen sich die Unternehmen zumuten; oder sich noch zumuten können, je nachdem, wo sie ihre Grenzen sehen. Und daran anschließend: mit welchen Stäben, mit welchen Linien?

Neue Aufgaben...?

Vor diesem Hintergrund lassen sich nun verschiedene Situationen abbilden, die die Frage nach „internen" Dienstleistungen unter diesen Gesichtspunkten aufwerfen. Dabei läßt sich prüfen, ob die Aufgaben, so wie sie sich heute stellen, dadurch andere Erklärungen erfahren, und damit neue Antworten erhalten.

Dazu scheinen uns vier Beispiele zur Rolle interner Dienstleistungen in der gegenwärtigen Unternehmenswelt besonders geeignet, werfen sie doch alle die Frage nach der vorzunehmenden Grenzschließung (Wahrnehmung der Umwelt) bzw. Grenzziehung (Entscheidungsfindung) auf:

- Segmentierung/Ent- und Re-segmentierung,

- Spezialisierung/Ent und Re-spezialisierung,

- Wettbwerb/Kooperation und

- Divisionalisierungen/Relationierungen.

Segmentierung/Ent- und Re-segmentierung
Je nachdem wie das Unternehmen den Markt, die Kunden, die Angebote immer wieder neu versteht und abbildet, verändert sich die interne Dienstleisteraufgabe. Gleichzeitig ist aber die „Abbildung der Welt", die vom Unternehmen vorgenommen wird, von

der jeweils eingenommenen Beobachterperspektive abhängig. Wie aber sollen Abbildungen, die dem dynamischen Marktgeschehen von Morgen gegenüber offen sein werden, entstehen, wenn Segmentierungen sich doch immer an der Vergangenheit orientieren? Wie geschieht der Schritt von der reaktiven Anpassung an die „Wirklichkeit" zur Konstruktion, zum Entwurf der „Realität" als neue Unternehmensumwelt?

Offene Grenzen geben heute dem Multikriterien-Problem traditioneller Segmentierungen – und damit den gesamten Marketingstäben – nicht mehr lösbare Aufgaben auf: Verfeinerte Industriesegmentierungen sind schon obsolet bevor sie überhaupt implementiert werden. Sie sind, ohne Bezug auf ein evolutives, „grenzenloses" Stab-Linien-Verständnis, aus der einzigen Unternehmenssicht nicht zu bewältigen.

Wir können an dieser Stelle, und nur zur Illustration, auf weltweite unternehmens-wirtschaftliche Entwicklungen hinweisen, die sich jeder Segmentsteuerung, sei es durch die Unternehmen selbst, sei es durch Staaten (USA, Europa, Japan), entziehen: So wird z.B. die globale Industriekonglomerisierung unterschiedlicher Prägungen, aber immer mit entsprechendem Abbau der Grenzziehungen, völlig pragmatisch vollzogen; oder: die unaufhaltbare Dynamik der sogenannten Industriekonvergenz (auch hier: Grenzauflösung) zwischen Anbietern von Informationstechnologie, Telekommunikation, Unterhaltungselektronik und Medienprodukten, für die man gerne vorgibt, einen „Information Superhighway" einzurichten, geschieht aber weitgehend ohne den sozialen Mehrwert richtig begreifen zu wollen.

Überall scheint sich die Stab-Linie-Unterscheidung und -Aufgabenteilung zentrifugal aus den Unternehmen heraus zu beschleunigen, dahin, wo nicht mehr über Transaktionen verhandelt wird, sondern wo, über Kommunikation, neues Wissen die Zukunft der Unternehmen entwirft.

Spezialisierung/Ent- und Re-spezialisierung
Je nachdem wie in Unternehmen über Wissen und Können kommuniziert wird, und diese Kommunikation zur Selbstbeob-

achtung seiner Operationen einbezogen werden, verändert sich die interne Dienstleisteraufgabe. Gleichzeitig ist aber die Aufnahme neuen Wissens und Könnens sowohl von der Fähigkeit als auch der Bereitschaft im Unternehmen, daran anzuschließen, abhängig.

Dies setzt dann allerdings voraus, daß die traditionelle Stab-Linie -Verantwortungs- und Arbeitsteilung überwunden werden kann, und daß diese, statt dessen, als selbst-organisierende, rekursive Einheit konzipiert wird.

Wenn dies möglich wäre, würde das heißen, daß ein entsprechendes Paradigmenbewußtsein – also ein Bewußtsein des Denkansatzes, unter dem die Realität neu begriffen werden kann – die Fähigkeit hätte, die unendlich spezialierten Wissen immer zu überlagern: „entspezialisierende" Kognitionstechnik und Kommunikation dienten so der Überwindung aller gleichzeitig sich abspielenden Spezialisierungen.

Zur Illustration kann hier wiederum nur auf einige der bekannten Diskussionen hingewiesen werden, die sich genau dieser Problematik ausgesetzen. Je weniger Unternehmen glauben, sich abgrenzen zu können, desto orientierungsloser werden sie, und umso verschärfter stellt sich für sie die Frage des Referenzrahmens für die Selektion von neuem und relevanten Wissen und Können.

Nicht zufällig – jedoch ohne genug weitreichende Theoriereflexion – sind ja in diesem Zusammenhang in den letzten Jahren die Diskussionen zur Bedeutung von Kernkompetenzen und unternehmerischen Innovationstrategien hochgekommen.

Darüber hinaus erweist sich die Wissensspezialisierung längst nicht mehr als blosse Häufung unabgerufener Information; paradoxerweise ist es gerade das Verdienst der Spezialisierungen, wenn die scheinbare Unabhängigkeit der Information von der Mitteilung und dem Verstehen heute dank der Kommunikation im weltweiten und raumlosen Internet Netzwerk ihre verlorene Einheit wiederfindet.

Genauso wird es auch den Stabspezialisierungen ergehen, wenn ubiquitäre Kommunikationsinfrastrukturen alle mit allen – anywhere, anytime – in Beziehung setzen werden. Nicht nur daß sich das Mensch-Maschinen interface unbemerkbar machen wird (nota bene: das deutsche Wort „Schnittstelle" wird dann hoffentlich genau das Gegenteil von „abgeschnitten sein" bedeuten), sondern eine neue multi-mediale inter-aktive Symbol- und Sprachlandschaft wird Verstehen und Mitteilen, also auch Lernen, was wir nicht wissen, etwa als organisationales Lernen auf der Basis von Open Distant Learning den bekannten Klassifikationen von Spezialisierungs-Wissen entziehen.

Die neue literacy, die gefragt sein wird – vom data-mining und der multi-medial navigation bis hin zur knowledge representation – wird uns alle noch als „Neue Analphabeten" entpuppen.

Wettbewerb/Kooperation
Je nachdem wie Differenzierungen gegenüber Mitbewerbern im globalen Markt wahrgenommen werden, ergeben sich für die internen Dienstleister unterschiedliche Leistungsanforderungen und -kriterien. Gleichzeitig hängen aber leistungsfähige Differenzierungen davon ab, nach welchen maßgebenden Leitunterschieden sich die Differenzierungen einspielen sollen: cashflow eher als unsichtbare Assets; Marktanteil eher als technologisches Erneuerungspotential?

In dieser Beziehung sind Wettbewerb und Kooperation nicht mehr bloß als Kehrseiten ein und derselben Mnnze zu verstehen, sondern als gänzlich verschiedenen Denk- und Abbildungsmodellen zugehörig. Entsprechend verschieden sind dann aber auch die Aufgaben „interner" Dienstleister zu begreifen.

In der Konkurrenzsituation muten sich „Gegner", aufgrund von fein sich differenzierender Angebote, steuernden Zugriff auf die Regulierungen der Marktvorteile zu. Dadurch werden Erwartungen über einen bestimmten Systemzustand hergestellt: auf der Basis von linearen value chain Modellen, oder nationalstaatlichen Leistungsplänen werden Vorteile miteinander verglichen, und gegeneinander ausgespielt.

Ganz anders die Kooperationssituation: Sie unterstellt Verständigungen unter vielen beteiligten Unternehmen über emergente Differenzierungen gesellschaftlicher Funktionssysteme, z.B. im Ökologiebereich, Gesundheitswesen, in der Telekommunikation, in der globalen Mobilität. Unternehmen handeln so zunehmend im selben Kommunikationsfeld, im synchronen Rythmus damit, und mit derselben Beweglichkeit und Geschwindigkeit, wie die funktionalen Teilsysteme, denen sie angehören. Sie nehmen damit Teil an der nachfrage-orientierten Dynamik gesellschaftlicher Problemlösungsaufgaben. Die ganzen Bewegungen im Bereich des „Partnering" und der „New Ventures" gehörten viel vertiefter in diese Diskussion als in jene des Wettbewerbs. Unter solchen Vorzeichen sollten Stäbe sich zunehmend mehr weltweiten Interessengemeinschaften als dem allein selig machenden Firmenerfolg zugehörig verstehen.

Divisionalisierungen/Relationierungen
Je nachdem wie Organisationen es verstehen, ihre Entscheidungsprozesse mit allen andern Kommunikationsvorgängen operativ zu koppeln – mehr oder weniger strikt bzw. lose –, fällt den internen Dienstleistern eine unterschiedliche Rolle der Stabilitätserhaltung zu. Gleichzeitig ist aber festzustellen, daß Organisationsentwicklungsvorhaben immer eng damit zusammenhängen, wie bereit Unternehmen sind, die Selbst- und Fremdreferenz ihres eigenen Systems zu registrieren, und die dazu nötigen Informationen bereitzustellen oder zu konstruieren. Mit der zunehmenden Standardisierung der Informationsinfrastrukturen, und mit dem ubiquitären Zugriff auf Information, kommt solchen Inhaltsvereinbarungen und der Abbildung immer wieder neu relationierter Kenntnisse eine, in der Funktionsweise von Netzwerken determinierende Rolle zu.

Die heute in Mode geratene Entwicklung von Rationalisierungsmethoden auf der Ebene von Prozessen (re-engineering), und auf jener von vertikalen und horizontalen Geschäftseinheiten, intendiert eine zwar perfekte zweckrationale Divisionalisierung. Ihr entgeht aber meistens die dynamische Abbildung der inhaltlichen und kommunikativen Beziehungsvorgänge, und damit die Chancen ihrer evolutiven, systemrationalen Erneuerung.

Dem vielgesagten business process re-engineering, dem lean management, der business innovation and integration, ihnen allen entgeht die selbst-organisierende, sozial und kommunikativ begründete Erneuerungsdimension. Weder die Stäbe der Organisationsentwicklung, noch jene des Management Developments, sind die Ingenieure der dynamisch sich herausbildenden Kommunikationszusammenhänge. Es ist allein die Öffnung des Unternehmens gegenüber Divisionalisierungen, seine Toleranz für Komplexität, die neue Brücken schlägt.

Ähnlich verhält es sich übrigens bei Strategieentwicklungsvorhaben, wo es nicht mehr um mehr oder weniger raffinierte Planungskonzepte geht, sondern um das Entwerfen eines evolutionären Referenzrahmens, in bezug auf welchen inhaltliche Vorstellungen und Konzepte adäquat, das heißt der Beobachtung entsprechend, repräsentiert werden können. Neuere Bemühungen damit – drücken die Bezeichnungen hierfür doch mehr Verlegenheit als Gewissheit aus: dynamic business modelling, cognitive enterprise design –, stecken allerdings noch im Anfangsstadium. Aber auch hier: Auf Kommunikation bauende Systementwicklung von Organisationen ist blind für arbeitsteilige Stab-Linien-Unterscheidungen.

Stab-Linien/Linien-Stäbe übermorgen

Abschließend, wenn man sich vorstellen mag, daß

- gegen das Jahr 2002 weder Linien noch Stäbe in Unternehmen, die geographisch lokalisierbar sind, arbeiten werden – diese also nicht mehr jeden Morgen ein bestimmtes Gelände und Gebäude aufsuchen;

- die wichtigsten Informationen und Kenntnisse, die es zur Unternehmensführung braucht, nicht mehr in den Unternehmen zu finden sind, sondern zwischen ihnen;

- dank kabellosen und mobilen Geräten, kombiniert mit „intelligenten" Anschlußkarten, der Zugriff zum Wissen, zur Arbeit, zur Lösungsfindung, von überall her und zu jeder Zeit möglich sein wird, und dieses interface die Grundlage einer transaktionslosen, weil auf gemeinsamen Wissensaustausch beruhenden Wirtschaft sein wird;

- sich die neue Verständigung auf der Basis multi-medialer Symbolsprachen abspielen wird, und der Umgang damit eine Voraussetzung dafür werden wird, nicht zu den neuen Analphabeten zu gehören;

dann wird die Zeit gekommen sein, sich ernsthaft die Frage der Öffnung der Grenzen zu stellen, und sich mit einer anderen Zukunft für Stäbe und Linien, für interne Dienstleister, auseinanderzusetzen.

Dabei wird sich erweisen, daß die überkommenen Organisationsformen, Berufe, Positionen – ob Stab oder Linie –, die uns für diese neue Welt zur Verfügung stehen, nicht mehr ausreichen.

Es wird sich dann wohl auch erahnen lassen, daß die Grenzziehungen, die es bislang noch erlaubten, Entscheide als Entscheide gelten zu lassen, eher der Fiktion als der Wirklichkeit angehören: Die Grenzen der Unternehmung werden gegenüber einer nicht mehr verkapselten Kommunikation völlig durchlässig geworden sein. Heute geht es in erster Linie darum, die Auseinandersetzung mit diesen Aussichten in den Unternehmen selbst in Gang zu bringen. Drei Vorschläge mögen dafür einen Hinweis geben:

- Systematische Einrichtung eines „Wissenrates" (knowledge board) als zweites Organ im Unternehmen, das nicht der Aufsicht, sondern der Weitsicht dient, das heißt die Aufgabe der Systembeobachtung wahrnimmt und darüber reflektiert.

- Systematische Teilnahme, z.B. in consortium ähnlichen Kooperationsformen, an offenen Netzwerken interaktiver, mobiler Kommunikation unter virtuellen Teams aus allen möglichen Wissens- und Wirtschaftsbereichen - jene der Kundschaft, Wissenschaft, Technologieentwicklung, Finanzinstitutionen etc. –, die sich selbstorganisierend der Wissensentwicklung zwischen Unternehmen widmen. Mobilität wird „pilotmäßig" eingesetzt zur spurlosen Integration von Linie und Stab auf der Ebene aller am Wissen teilhabenden Individuen.

- Systematische Begründung neuer Berufe im Bereich der Abbildung von Wissen (knowledge representation). Über die reale Bedeutung der „Wirtschaftlichkeit" von Wissenssystemen der Unternehmen (Wert für wen, und wie genutzt?) ist sozusagen noch nichts geschehen. Nicht nur, daß neue Verfahren des multi-medialen Kommunizierens, des interaktiven Navigierens, des Abbildens, des Synthetisierens etc., ebenso gefragt sein werden wie auch gelernt sein wollen. Es geht darum, den Schritt von der Informationsverarbeitung hin zur Wissensgestaltung auch wirklich zu machen.

Die Zeit dafür hat schon begonnen.

Literatur:

Baecker, Dirk. (1993):
 Die Form des Unternehmens. Frankfurt a. M.
Drucker, F. Peter. (1988):
 The Coming of the New Organization. In: Harvard Business Review, Jan-Feb. 1988. Cambridge, Massders. (1993): Post-Capitalist Society. New York.
Luhmann, Niklas (1993):
 Politische Steuerungsfähigkeit eines Gemeinwesens. In: Göhner, Reinhard (Hrsg.) (1993): Die Gesellschaft für morgen. München, Zürich.
McGregor, Douglas. (1960):
 The Human Side of Enterprise. New York.
Schanderer, Helmut, K. (1992):
 Chancen für Management und Business im Zeitalter der Informationsgesellschaft. Inter-act, A-2391 Kaltenleutgeben.

Stabsarbeit ohne Stäbe – Interne Dienstleistungen in einer Netzwerkorganisation

Hardy Schmitz

Stabsarbeit ohne Stäbe? Interne Unterstützung ohne qualifizierte interne Unterstützer? Dieser Beitrag konzentriert sich natürlich nicht auf die Fragestellung der vollständigen Entbehrlichkeit der klassischen internen Dienstleistungen, sondern auf die organisatorische Einbettung, die Aufgabenteilung oder besser Ergänzung mit der klassischen Linienfunktion und dem Umfang dieser Funktionen bei der CompuNet Computer AG. Zum besseren Verständnis schicke ich einige wichtige Daten des Unternehmens voran, die die Besonderheiten der Organisation und Ihres Verhaltens illustrieren.

1. Die CompuNet Computer AG wurde 1984 gegründet und steuert jetzt auf einen Gruppenumsatz von über 930 Mio. DM zu. In dieser Zeit ist das Unternehmen auf 1400 Mitarbeiter gruppenweit gewachsen. Aus einer Kerneinheit in Köln 1984 ist ein Standortnetz von 17 Vertriebs- und Systemintegrationseinheiten gewachsen.

2. Die CompuNet Computer AG ist eine Unternehmergruppe. Jeder Unternehmer verantwortet gemeinsam mit einem oder zwei Partnern einen regionalen Standort bzw. eine unternehmerische Einheit. Ursprünglich als Holdingstruktur mit regionalen GmbHs aufgebaut, an denen die AG und die Unternehmer mit je ca. 50% beteiligt waren, wurden aus Gründen der strafferen Organisationsstruktur alle GmbHs in eine bundesweit definierte Gesellschafter Vermögensverwaltungs-

GmbH eingebracht. In dieser GbR werden die bisherigen Anteile und damit auch die Gewinne oder Verluste der einzelnen Unternehmer wirtschaftlich abgebildet. Über einen Gesellschaftervertrag wird dem Unternehmer ein dem geschäftsführenden Gesellschafter äquivalenter Rechts- und Gestaltungsrahmen garantiert. Über die Technik der SAP-Buchungskreise wird der Gewinn oder Verlust der lokalen Einheit ermittelt. Dieser wird ausgezahlt oder – im Verlustfall – über eine anteilige Nachschußpflicht ausgeglichen. Gleichzeitig hat jeder Gesellschafter ein Aktienbezugsrecht. Da dieses in nahezu jedem Fall ausgeübt wurde, erhält jeder geschäftsführende Gesellschafter Einkünfte aus dem gruppenweiten Ergebnis. Dadurch mindert er sein Risiko. Gleichzeitig ist das Interesse an gruppenweiten Projekten und Interessen gesichert.

3. Die CompuNet Computer AG schöpft Größenvorteile aus. Mit dem Anwachsen des Geschäftsvolumens wurden und werden Funktionen zentralisiert. In einer zentralen Dienstleistungs-GmbH werden zur Zeit folgende Bereiche bearbeitet: Einkauf, Logistik incl. systemnaher Standarddienstleistungen (wie Vorkonfiguration, Installation von Standardsoftware und kundenspezifischer Software), zentrale Instandhaltungslogistik, Rechenzentrum, Marketing, zentrales Finanzmanagement, Unternehmensentwicklung. Darüber hinaus ist das Bestreben groß, weitere interne Dienstleistungsfunktionen möglichst nah am Geschäft anzusiedeln. So sind Teile des Finanzteams in der Einheit untergebracht, in der der Finanzvorstand seine lokale Einheit führt. Gleiches gilt für den Personal- und Controlling- sowie den Vertriebs- und Einkaufsvorstand. Kosten, die der lokalen Einheit entstehen, werden über die zentrale Dienstleistungs-GmbH abgerechnet und umgologt. Der Vorstand arbeitet immer auch als geschäftsführender Gesellschafter.

Zur näheren Erläuterung der Effekte, die diese Unternehmensform auf die Durchführung interner Dienstleistungsprojekte hat, werde ich vier Beispiele skizzieren.

Interne Aus- und Weiterbildung bei CompuNet

In den ersten Jahren von CompuNet gab es so gut wie kein einheitliches Konzept. Die Weiterbildung war, wenn überhaupt, regional durch die vor Ort tätigen Partner organisiert. Bald wurde erkannt, daß der enorme Personalbedarf, den das starke Wachstum mit sich brachte, in diesem Bereich eine eigene Anstrengung brauchte. Gegründet wurde die Schule für angewandte Microelektronik, später das CompuNet Institut GmbH.

Als eigenes Unternehmen aufgesetzt, entfaltet das Unternehmen und sein ambitionierter Gesellschafter eine rege Aktivität. Ein eindrucksvoller, sehr vollständiger Katalog von Schulungsangeboten entsteht. Die Kostendeckung jedoch fällt schwer. Die internen Kunden – die Gesellschaften – produzieren hohe Stornoquoten, gering ausgelastete Schulungen, Streit über Kosten, Termine und Qualifikationen der Referenten sowie Angebotsstruktur .... und schließlich einen hohen Verlust in der Bilanz. Nach zwei Jahren resultiert die Schließung dieser Einheit.

Ein erfahrener geschäftsführender Gesellschafter, langjähriger Partner bei McKinsey, nahm sich der Neustrukturierung an. Nach einem halben Jahr wurde ein Konzept vorgeschlagen und in einem Partnerbeschluß verabschiedet:

1. Budget für sechs Ausbildungstage je Mitarbeiter im Jahr für die vorgeschlagenen Kurse.

2. Durchführung zum Teil durch Partner.

3. Verpflichtung für die Durchführung der gewählten Schulungsschwerpunkte.

Für die Bereiche Vertrieb, Systemingenieure, Anwendungsberater und Technischer Kundendienst werden sog. Entwicklungszentren (München, Köln, Hannover, Essen) gebildet, die jeweils von einem Partner verantwortet werden. Diese definieren Kursinhalte und legen die Referenten fest. Dabei standen die Methoden und weniger das technische Wissen im Vordergrund.

Je unternehmensspezifischer die Kursinhalte sind, umso stärker sind in Kursdesign und Durchführung die Partner involviert. Am Beispiel des Vertriebstrainings sei das erläutert. Der Lehrgang „Account Management – Kundenbindung durch komplexe Dienstleistungen" wurde von einem für die Kursentwicklungsprojekte vollzeitig abgestellten Mitarbeiter gemeinsam mit einem sehr erfolgreichen Account Manager auf Grund einer realen Kundensituation erstellt.

Der Kurs wurde schließlich von einer Gruppe von Partnern abgenommen. Die Durchführung erfolgt durch vertrieblich ausgerichtete Partner, und zwar in der Weise, daß jeweils ein Referent und Coreferent den Kurs veranstalten. Der Coreferent ist im darauffolgenden Kurs der Referent und weist einen neuen Coreferenten ein. So wird eine volle Identifikation der Tutoren erreicht, die das Gelernte in der Praxis mit ihren Mitarbeitern umsetzen werden. Ferner wird den Mitarbeitern Praxiserfahrung aus anderen Lokationen vermittelt. Dieses Konzept ist zahlenmäßig und nach den gemessenen Qualitätskriterien ein voller Erfolg. Der Transfer in die Praxis wird ebenfalls überwacht.

So sind in den ersten 8 Monaten knapp ein Drittel aller Mitarbeiter in ihren jeweiligen Disziplinen geschult worden. Die gemessene und erlebte Akzeptanz ist hoch. Die Effekte des Kennenlernens und Screenings von besonders talentierten Mitarbeitern sind erheblich. Die Schlüsse aus diesem Lernprozeß für die interne Dienstleistung „Aus- und Weiterbildung" sind folgende:

- Weiterbildungsprozesse, die der strategischen Ausrichtung des Unternehmens dienen, sollten durch interne Referenten aus der Praxis durchgeführt werden.

- Die Auswahl der angebotenen Kursthemen und Teilnehmerselektion sollten von führenden Linienmanagern verantwortlich getroffen werden.

- Die Identifizierung von „Champs", die spektakuläre Erfolge in entsprechenden Tätigkeitsfeldern realisiert haben, und deren Fallstudien sind für die Akzeptanz ein entscheidender Faktor.

- Der interne Dienstleister „Aus- und Weiterbildung" kann sich auf Planung, Prozeßorganisation, Kontrolle und Methodik beschränken.

Die Corporate Design-Funktion

Beispiel Nummer zwei für die Gestaltung interner Dienstleistungsfunktionen bei CompuNet ist die Corporate Design-Funktion. Wichtig zum Verständnis ist die Tatsache, daß die Nutzung des CompuNet-Logos auf Grund eines Gestattungsvertrages der geschäftsführenden Gesellschafter mit dem Gründer des Unternehmens erfolgt. Es leuchtet ein, daß die Vereinheitlichung des Erscheinungsbildes in der stark dezentralen, von Unternehmerpersönlichkeiten geführten Organisation ständig in Gefahr ist. Die Lösung dieses Problems erfolgte durch radikales „Outsourcing".

Das innenarchitektonische Erscheinungsbild aller Standorte von CompuNet ist eindrucksvoll einheitlich. Der Grund ist darin zu suchen, daß ein einziger, gestalterisch sehr fähiger Architekt alle Aus- und Umbauten durchführt. Auch Teppiche, Lampen, Schreibtische, Paneele etc. werden durch diesen Architekten projektiert. Dadurch ergeben sich Einkaufsvorteile, die Einheitlichkeit ist gewahrt und – last non least – der Unternehmer ist von diesen Fragen entlastet .

Ähnlich pragmatisch setzen wir das einheitliche schriftliche Erscheinungsbild in Werbung und Druckmaterialien durch. Das gesamte Design kommt auch hier von einer Werbeagentur. Die dezentrale Überwachung ist Geschäftsführeraufgabe und vertragliche Verpflichtung. Die Weiterentwicklung des Erscheinungsbildes, Briefing der Werbeagentur sowie weiterer Marketing Services sind zur Zeit Aufgabe von zwei Mitarbeitern in der zentralen Dienstleistungs-GmbH. Diese straff zentrale, rigide Vorgehensweise erscheint zunächst untypisch für CompuNet. Die Einheitlichkeit des Erscheinungsbildes kann jedoch nur über diesen Weg gesichert werden. Darüber hinaus wird von den Unternehmern schnell erkannt, daß die Wertschöpfung eigener Creationen für das Tagesgeschäft gegen Null geht.

Controllingsystem der CompuNet Gruppe

Die CompuNet-Gruppe hat als zentrales kommerzielles System seit Jahren SAP im Einsatz. Als differenziertes Controlling- und Steuerungssystem auf Kostenstellen- bzw. Bereichsebene hat SAP jedoch den Anforderungen der Gruppe nicht genügt. Die einzelnen Gesellschaften wiesen stark differierende Ergebnisse trotz hoher Gleichartigkeit des Geschäftes aus. Es gab diverse Ansätze und unterschiedliche Lösungen für Auswertungen in den Regionen. Auf Partnerbeschluß wurde ein Vorstand beauftragt, ein entsprechendes Controlling-System zu entwicklen. Ein Budget wurde freigegeben. Als Basis dazu diente das Modell der am weitesten fortgeschrittenen Gesellschaft. Der entsprechende Partner übernahm die Verantwortung. Das Ergebnis wurde nach sechs Monaten präsentiert und eingeführt.

Die Erfolge sind frappierend. Eine intensive dezentrale Diskussion und Optimierung der Wirtschaftlichkeit auf Kostenstellen- und Bereichsebene setzte nicht nur auf Partnerebene ein. Die ergebnisverantwortliche Steuerung von den Bereichsverantwortlichen (so nicht direkt in der Partnerverantwortung) in Systemtechnik, Vernetzung und Projektierung, Schulung und Vertrieb wird möglich. Intensives „Benchmarking" mit anderen Einheiten gibt den Unternehmern klare Handlungsimpulse. Kostenanalysen, Ergebnissteuerung etc. erfolgen sämtlich dezentral und in der

Regel durch die Unternehmer selbst. Das Eingreifen aus Gruppensicht durch den Vorstand ist auf Ausnahmefälle beschränkt. Am Standort des verantwortlichen Partners entwickelt ein Mitarbeiter das System weiter.

In der Rückschau wird deutlich, daß die Konzipierung des Controllingsystems vor Ort durch einen in diesem Bereich besonders profilierten Partner die Anwendungsnähe und damit die Akzeptanz von Grund auf sicherstellt. Die direkte Nutzung durch die Unternehmer erfordert keinen zentralen Analysenstab. Auf diese Weise systematisiertes Benchmarking sorgt für regen Informationsaustausch zwischen den Verantwortlichen auf dezentraler Ebene.

Qualitätsmanagement

Beispiel Nummer vier stammt aus dem Bereich Qualitätsmanagement. Die Initiative für eine Qualitätsoffensive ging vom Vorstandsvorsitzenden aus. Ein entsprechender Partnerbeschluß folgte im November 1992. In einem Kraftakt wurden die wesentlichen Verfahren der einzelnen Funktionsbereiche bis Ende Januar erfaßt. Eine Qualifizierungsrunde der Geschäftsführer fand im Februar 1993 statt. Alle Mitarbeiter durchliefen im Multiplikatorenverfahren eine Schulung bis Ende Juni 1993. Ein dem Vorstandsvorsitzenden zugeordneter Mitarbeiter steuert die zentrale Koordination. Auf den Geschäftsstellen ist ein Mitarbeiter zu mindestens 50% seiner Zeit für die Koordination der lokalen Projekte abgestellt.

Die Effekte sind – gemessen am Personaleinsatz – erstaunlich. Die zentralen Dienste der CompuNet-Gruppe (Logistik, zentrale Systemtechnik, Rechenzentrum, Marketing) wurden bereits im Sommer 1993 nach ISO 9001 zertifiziert. In den Regionen wurden und werden zahlreiche Projekte initiiert bzw. abgeschlossen. Qualimeter der einzelnen Leistungsbereiche schmücken in allen Lokationen die entsprechenden schwarzen Bretter.

Wettbewerblich wichtig ist die Aussage der Zertifizierung. Entscheidender aber ist die Tatsache, daß durch die zügige Implementierung von verbindlichen Verfahren eine bundesweit einheitliche Bedienung von bundesweit tätigen Kunden erreicht und weiter verbessert wird und dies bei Beibehaltung der starken dezentralen Verantwortung.

Nach knapp zwei Jahren im bewußten Qualitätsprozeß ist der Mehrzahl der Beteiligten klar, daß CompuNet hier erst am Anfang einer langen Reise steht. Der Qualitätsprozeß jedoch ist durch seine zwangsläufig dezentrale Struktur der Verantwortlichkeit unserer Organisation auf den Leib geschnitten.

Stabsarbeit ohne Stäbe?

Die Beispiele sollen verdeutlichen, wo nach unserer Überzeugung die Erfolgsfaktoren für interne Dienstleistungen liegen:

- Möglichst nahe zum Ort der Anwendung, zum internen Kunden (Beispiel Controlling-System, Qualitätsprozeß),

- wo immer möglich, als Projekt gestalten, nicht als auf Dauer angelegte Organisationseinheit (Beispiel: Ausbildungskonzept),

- volle Einbindung der internen Kunden in den gesamten Prozeß, von der Angebotserstellung bis zur Erfolgskontrolle (Beispiel: Ausbildungskonzept),

- Outsourcing, wenn klare Schnittstellen und Standardabläufe es ermöglichen (Beispiel: Corporate Design), Insourcing, wenn unternehmensspezifisches Know-How und Motivation kritisch sind (Beispiel: Vertriebsausbildung, Qualitätsprozeß).

Interne Dienstleister neu organisieren

Christof Schmitz

Selten genug hat man die Chance, sich „auf der grünen Wiese" neu erfinden zu können. Auch wenn das grassierende Reengineering-Fieber anderes vermuten läßt, Revolutionen finden seltener statt, als man meinen könnte. Was bleibt, ist Evolution. Und die ist immer auf ihre Umwelt angewiesen. Für interne Dienstleister (IDL) ist die Umwelt – das Unternehmen und seine Märkte – in vielen Fällen im Umbruch. Dieser Beitrag skizziert zunächst den Rahmen dieser Umbrüche. Hervorstechendes Merkmal dabei ist die sich allmählich durchsetzende Prozeßperspektive des Unternehmens. Diese Perspektive ist in mehrfacher Weise wichtig für interne Dienstleister. Sie führt zu unternehmerischen Neugestaltungen und fragt in neuer Weise nach der Beziehung der internen Dienstleister zu den Leistungs- und Entwicklungsprozessen des Unternehmen. Und sie richtet sich auf die Prozesse, die die internen Dienstleister selbst organisieren. Abschließend werden fünf zentrale Dimensionen benannt, die sich erfahrungsgemäß als wichtig für die Neuorganisation interner Dienstleister zeigen.

Alles anders heute?

Das Veränderungsgeschäft ist zu einem großen Markt geworden. Dessen Gesetze verlangen danach, fortwährend Neues auszuschildern, um die Nachfrage wach zu halten. Nicht immer aber hält das „Neue", was es verspricht. Statt wichtiger Entwicklung, handelt es sich oft bloß um eine Mode. Wie „neu" oder „modisch" sind die Situationen, in denen sich IDL derzeit bewegen?

Man beobachtet heute weltweit, daß sich Unternehmen in einem bedeutsamen Umbau befinden. Auch wenn Konzepte wie „lean production" den Blick sehr auf die „japanische Herausforderung" gerichtet haben, so handelt es sich um eine viel umfassendere Entwicklung, wie Untersuchungen zeigen. Der Wandel stammt nicht ursächlich aus Japan, sondern resultiert aus den gesamthaften, dynamischen Entwicklungen der Unternehmen und Märkte aller Industrienationen. Internationale, industriesoziologische Untersuchungen zeigen global, wie sich zur Zeit neue Management- und Organisationsstile, die vermutlich in den neunziger Jahren ihre volle Ausprägung erfahren werden, entwickeln. Gemeinsam sind diesem Wandel unter anderem folgende Prinzipien (vgl. Boyer 1992):

- umfassende Optimierung der Geschäftsprozesse (Durchlaufzeitenverkürzung, Reengineering),

- hohe Qualität zu vernünftigen Kosten bei hoher Geschwindigkeit,

- Zurücknahme der Arbeitsteilung innerhalb der Firma (neue Arbeitsorganisationen, integrative Strukturen, Teamarbeit, flachere Hierarchien),

- Integration von Forschung, Entwicklung und Produktion (simultanous Engineering, Projektmanagement etc.),

- engere Beziehungen zwischen Herstellern und Verbrauchern (Prosumer-Beziehungen, Relationship-Marketing),

- stärkere Einbeziehung der Marktnachfrage in den Leistungsprozeß,

- Dezentralisierung (selbständige Unternehmensbereiche, Holdings),

- Vernetzungen und joint ventures (strategische Allianzen),
- langfristige und kooperative Zulieferverträge und
- hohe Bedeutung der betriebliche Ausbildung und der Qualifikation.

Diese Prinzipien sind für IDL konsequenzenreich. Die alten monolithischen Unternehmensstrukturen brechen auf, Geschäftsprozeßorientierung tritt vor Strukturorientierung, die Beziehungen zwischen Unternehmen und ihren Kunden und Lieferanten verändern sich und das betrifft natürlich auch aufs Engste das Verhältnis der verschiedenen Stäbe und Funktionen zur Linie. Die Form der Koordination, die Art und Weise der wechselseitigen Abstimmung, das Verhältnis der verschiedenen Unternehmensteile zueinander steht zur Diskussion.

Etwas vereinfacht läßt sich formulieren, daß mehr Marktwirtschaft im Unternehmen Einzug hält. Deregulierung auch innerhalb der Unternehmen, das sind die Zeichen der Zeit. Wie aber drückt sich diese innerbetriebliche Marktwirtschaft aus? Zumeist in zweierlei Hinsichten: Erstens wird versucht, das interne Kosten-Nutzen-Gefüge genauer zu bestimmen. Die Festlegung interner Verrechnungspreise macht die Kosten transparenter und erleichtert die Diskussion darüber, was innerbetriebliche Leistungen „wert" sind. Zugleich erlauben sie den Vergleich mit externen Leistungen (Marktähnlichkeit). Zweitens werden IDL in Profit Center verwandelt, die in Konkurrenz mit externen Anbietern stehen, sich also im direkten Wettbewerb befinden und die eventuell auch selbst extern anbieten.

Das Ziel der Einführung marktwirtschaftlicher Prinzipien für den Bezug von Dienstleistungen im Unternehmen (transparente Preise, freies Spiel von Angebot und Nachfrage, Wettbewerb) ist neben der Kostensenkung eine allgemeine Leistungsverbesserung der IDL. Mehr Markt soll bessere und nicht nur günstigere Leistungen erbringen. Was für das Unternehmen als Ganzes gilt, sollte auch für seine Teile gelten, so die Annahme. Das hat Folgen unterschiedlichster Art.

Neben vielen Berichten zur Durchlaufzeitenbeschleunigung, zur Verbesserung der Kundenakzeptanz und zu verbesserten Kostensituationen bleiben Fragen, die vor allem das Wissensmanagement betreffen. Was passiert mit dem in den Stäben und Funktionen gelagerten Expertenwissen? Wer kümmert sich um zukunftsweisende Entwicklungen? Ciba Geigy berichtet etwa davon, daß die F & E-Aufwendungen der IDL zum Teil drastisch zurückgegangen sind (vgl. von Wartburg in diesem Band). Ist das angemessen? War es früher zu viel? Welche Konsequenzen wird das für die zukünftige Entwicklungsfähigkeit haben? Welche Kriterien hat man für diese Beurteilung zur Verfügung?

Charles Sabel führt in diesem Zusammenhang an, daß z.B. in vielen Hochtechnologie-Unternehmen, die unternehmensinterne Nachfrage nach internen Dienstleistungen so geschrumpft ist, daß die entsprechenden Spezialisten in den Stäben nicht mehr ausreichend beschäftigt werden können. Denen bleibt nur die Wahl, sich extern zu orientieren. Anders formuliert, viele Unternehmen können sich die Spezialisten, die sie brauchen, intern nicht mehr leisten. Welche Kooperationsformen bieten hier Ersatz? „Wie sich das steuern läßt, ist derzeit weder in Japan noch in der übrigen industriellen Welt befriedigend beantwortet." (1994, 182)

Wie weit kann man gehen?

Die „Deregulierung" der Unternehmen hat viele Fragen aufgeworfen. Am deutlichsten stellen sie sich bei Outsourcing-Überlegungen: Welche Dienstleistungen lassen sich auslagern? Welche nicht? Mit welchem Vorteil und welchen Nachteil? (siehe Abbildung auf Seite 165)

Einige drastische Beispiele zeigen, wie weit man gehen kann:

- ■ „Wir trennten uns von allem, was unnötiger Ballast war und wollen uns nur noch auf unseren Kernbereich, das Bauen von Flugzeugen, beschränken", sagt beispielsweise die Ge-

Welche Dienstleistungen kann man auslagern?

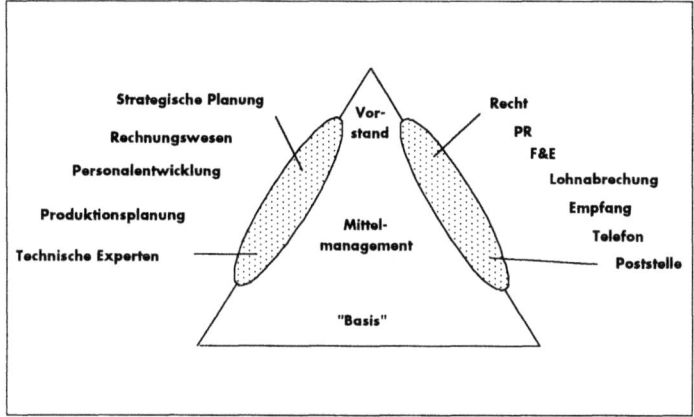

schäftsleitung von McDonald Douglas, die die Personalabteilung und -verwaltung, EDV, Verwaltung der Gebäude usw. ausgelagert hat. Man sei von einer „ungeheuren Verwaltungslast" befreit worden, so die Geschäftsleitung (Der Standard, 19./20.05.1993).

■ Die Continental Bank hat ihre gesamte EDV ausgelagert. Ebenfalls ein Schritt, der manche irritiert, ist nicht die Handhabung von Daten und Informationen eine Schlüsselaktivität aller Banken. Kann es denn gut gehen, wenn man seine „Kronjuwelen in fremde Hände gibt" (Huber 1993).

■ Nike konzentriert sich auf einige wenige Schlüsselaktivitäten (Marketing, F & E, Qualitätssicherung) und bezieht alle anderen Leistungen von Zulieferern.

Gerade der Sportschuhhersteller ist bekannt dafür, daß er konsequent und konzentriert die Entwicklung seiner Kernkompetenzen betreibt, ohne den Verlockungen kräfteverzerrender Integrationen zu verfallen. Nike gilt als Musterbeispiel eines „intelligenten Unternehmens" (Quinn). Diese Unternehmenskonzeption geht davon aus, daß unter den heutigen Wettbewerbsbedingungen einzig die volle Konzentration auf diejenigen Schlüsselaktivitäten, die man besonders gut kann, bei gleichzeitiger radikaler Auslagerung aller anderen Tätigkeiten, nachhaltigen Erfolg sichern kann. Die Wertschöpfungskette wird in ihren einzelnen Gliedern analysiert, inwieweit „best in world"-Qualität geboten wird. Ist das für eine bestimmte Aktivität nicht der Fall und auch keine strategische Know-how-Gefährdung gegeben, erfolgt die Auslagerung und die Kooperation mit „best in world"-Lieferanten. Die Zusammenarbeit von Apple mit R. McKenna bietet ein solches Exempel.

Diese Beispiele geben eine Ahnung davon, was möglich und machbar ist. Sicherlich wäre es unsinnig, sich, „koste es, was es wolle", ins Outsourcing zu stürzen. Die Entscheidung, was alles Bestandteil der Kernaktivitäten ist und auch strategischem Schutz bedarf, sollte man sich nicht zu leicht machen. Die Transaktionskosten sind ebenso zu prüfen wie ausreichende und garantierte Kapazitäten beim Zulieferer in Zeiten hoher Auftragslagen. Und ohne Zweifel wird man sehen, daß einige Unternehmen, nach einem ersten Auslagerungssturm wieder zurückbuchstabieren werden. Anderen Unternehmen wiederum steht die genaue Prüfung und die Konzentration ihrer Tätigkeiten erst noch ins Haus. Muß jede Versicherung ihre Hausdruckerei haben? Wie steht es mit Marketing-Services? Usw.

Die Prozeßperspektive

Vor welchem konzeptionellen Hintergrund lassen sich diese Überlegungen anstellen? Bislang orientierte man sich in Organisationsfragen stark an Strukturen. Man denke nur daran, wie selbstverständlich man auf ein Organigramm zurückgreift, wenn man eine Unternehmensorganisation beschreiben will. Bekannt sind die typischen Merkmale des Strukturdenkens, das folgende Verhaltensweisen belohnt:

- das Sichern von „Revieren". „Was gehört zu meinem Bereich? Wie weit reicht meine Kompetenz?" („Haus und Hof-Mentalität"),

- die gute Beziehung zum Vorgesetzten (statt zum Kunden),

- das Optimieren des engen, eigenen Aufgabenbereichs, ohne sich besonders um die Vernetzung mit den vor- und nachgelagerten Bereichen zu bemühen.

Jedes Unternehmen besteht aus Prozessen, also aus jenen Verkettungen von Aktivitäten, die zur Herstellung einer Ware oder einer Dienstleistung für den Kunden führen. Prozesse sind das, was Unternehmen tun, sie sind gewissermassen deren eigentliche Substanz. Gleichwohl ist das Denken in Prozessen relativ unüblich. Wir sind eher gewohnt in Strukturen, Funktionen oder Bereichen (Regionen, Produkte ...) zu denken („Kästchen-Denken") und benötigen spezielle Übung, um auf diese Perspektive umzuschalten. Das Unternehmen als Prozeß zu sehen ist bereits der erste Bruch mit einer Selbstverständlichkeit.

Lange hat der Blick auf Einzelaufgaben, Kästchen und Strukturen dominiert. Viele Unternehmen haben dadurch überzählige Pfunde angesetzt und Beweglichkeit und Unternehmertum eingebüßt. In Beratungsprojekten stoßen wir regelmäßig auf erhebliche Verbesserungspotentiale, die von den Mitarbeitern „gewußt" werden, ohne daß das irgendwelche Konsequenzen hätte. Das Wissen wird nicht kommuniziert. Dazu bräuchte es eine gemeinsame Basis, zu der wesentlich Vertrauen gehört. In der Strukturlogik der funktionalen oder vertikalen Organisation gedacht („Mißtrauensorganisation"), kann es jedoch sehr sinnvoll sein, über so manche Verbesserungsmöglichkeit des Ganzen hinwegzusehen und statt dessen auf die Sicherung und die Optimierung des eigenen Reviers zu achten – „schließlich will man vorankommen, oder?" Weiterreichende Initiativen bedeuten da schon zuviel Risiko. Die Prozeßperspektive wendet sich gegen diese „Last der Struktur" und gegen die willkürliche Fragmentierung der Arbeit in einzelne Aufgaben und deren Aufteilung auf die verschiedenen Spezialisten, wie es die klassische Form des Organisierens und der Arbeitsteilung vorsieht. Der Blick auf Prozesse ersetzt aber nicht die Strukturperspektive, sondern ergänzt den unternehmerischen Blickwinkel (vgl. Sutrich 1994).

IDL und Geschäftsprozesse

Zwei Fragen sind zentral bei der Optimierung von Geschäftsprozessen: Erstens, welchen Nutzen soll das Ergebnis eines Prozesses stiften und zweitens, wie steht es um die Vernetzung der einzelnen Leistungen, die für dieses Ergebnisse notwendig sind. Interne Dienstleistungen sind Aktivitäten, die die Herstellung kundenbezogener Leistungen unterstützen. Sie tragen damit indirekt zur Wertschöpfung bei, übrigens ebenso wie Führungsleistungen und Entscheidungen. Man kann im Unternehmen drei prinzipielle Prozessarten unterscheiden (siehe Abbildung auf Seite 169).

Vor diesem Hintergrund kann man IDL nun befragen: Wie ist es um den Beitrag zur Wertschöpfung bestellt? Welcher Nutzen wird gestiftet?

Motorola überarbeitete die Arbeitsweise seiner Konzernrevision. Benötigte früher die Erstellung eines Revisionsberichtes für eine der 150 Produktionsstätten sieben Wochen und lief über mehrere Stellen zur Abstimmung, so wird heute ein Bericht binnen fünf Tagen erstellt. Gleichzeitig konnte die Qualität der Ergebnisse für die Revisionsstelle, für die geprüften Werke und für die Produktivität der Revisoren erheblich verbessert werden.

Wie steht es um die Vernetzung mit dem Primärprozeß?
In etlichen Industrieunternehmen wurden im Zuge von „Schlankem Management" die Aufgaben der Personalbereiche reorganisiert. Personalführungsaufgaben wanderten (zurück) zu den Linienvorgesetzten und die Personalabteilungen haben fürderhin die Aufgabe, die Führungskräfte zu beraten – und nicht mehr, ihnen Aufgaben abzunehmen (vgl. Fink in diesem Band).

Das Unternehmen in der Prozeßperspektive

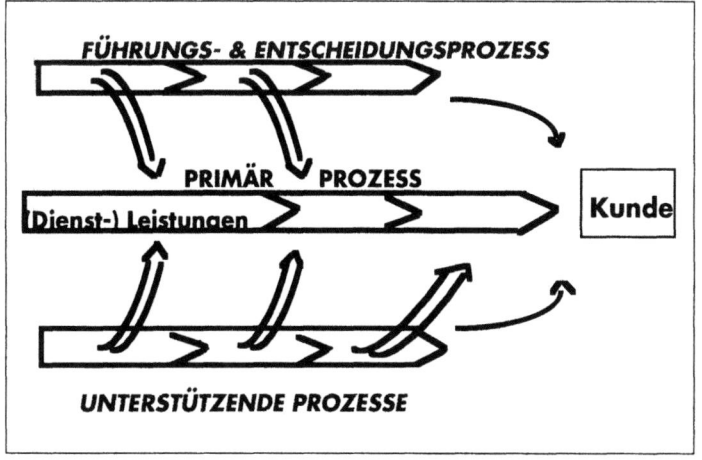

Wäre es sinnvoll auszulagern/abzubauen/zu dezentralisieren/in den Primärprozeß zu integrieren?
Qualitätssicherung, Instandhaltung, aber auch Engineeringfunktionen werden vielfach in Reengineeringprojekten in die Linien integriert (z.B. in Form von multifunktionalen Teams). Die Durchlaufzeitenbeschleunigungen als auch das Qualitätsniveau sind zum Teil erstaunlich. Das gilt aber nicht nur für Produktionsprozesse. Ein österreichischer Anlagenbauer etwa hat seine Marketingabteilung aufgelöst, Marketing ist allgemeine Führungsaufgabe, heißt es.

Wie sind IDL mit dem Führungs- und Entscheidungsprozeß des Unternehmens vernetzt?
Wichtigste Tendenz hier ist wohl die Auflösung der großen zentralen Bereiche. Etliche Unternehmen, mit ABB als bekanntestem Beispiel an der Spitze, haben denn auch vorgeführt, wie Konzernzentralen mit erheblich verringerter Mannschaft effizienter geführt werden können. Dem geht im Regelfall eine Selektion und eine Dezentralisierung von Dienstleistungen direkt in die Ge-

schäftsbereiche voraus. Die Auftrags- und Weisungsverhältnisse der Dienstleistungsbereiche wandeln sich damit natürlich erheblich.

Wer kümmert sich um das Expertenwissen?
Bleiben funktionale Bereiche bestehen, verändern sich deren Aufgaben. Womack/Jones (1994) sprechen von „turning functions into schools". Die alte, konfliktreiche Vermischung von Prozeß- und Entwicklungsverantwortung soll zugunsten klarerer und einfacherer Verhältnisse aufgehoben werden.

Die Zukunft in die Hand nehmen

IDL haben die Wahl. Sie können abwarten, oder aber sie nehmen ihre Zukunft in die Hand. Im zweiten Fall stellen sich die Fragen, ob Veränderung notwendig und sinnvoll erscheint, und falls ja, ob es um ein Optimieren der bestehenden „Geschäfte" geht oder ob es angebracht erscheint, eine radikale Transformation vorzunehmen. Beispielsweise mag sich ein Informatikbereich fragen, ob er im Rahmen seines derzeitigen Angebotes kontinuierlich weiterarbeiten soll, ob lediglich die eigene Leistungspalette in etwas bessere Abstimmung mit den internen Kundenwünschen zu bringen oder ein Programm zur Verbesserung der Kundenorientierung zu verfolgen wäre, oder aber ob man sich aktiv um Outsourcing bemühen sollte.

Zur Beantwortung dieser Fragen mag es hilfreich sein, sich zu überlegen, wie es um den Lebenszyklus der eigenen Leistungen bestellt ist. Befindet man sich in einer Aufschwungphase (A), nähert man sich dem Wendepunkt (B), wäre es wichtig, sich neu zu orientieren, neue Angebote zu entwickeln? Was ist das Potential, um Neuerungen einzuleiten, oder droht man unter krisenhaften Bedingungen zu geraten (C). Wie schätzt man die Kurve für das Gros der eigenen Leistungen ein? Die folgenden fünf Dimensionen geben erfahrungsgemäß wichtige Leitlinien für Veränderungsprozesse IDL.

Marktforschung und Kundenbeziehungen

Wie kann man die eigene Positionierung überprüfen? Das beste Mittel ist sicherlich: mit den Kunde reden. Ist die Akzeptanz im Sinken oder besteht hohe Zufriedenheit? Gibt es neue Entwicklungen bei den Kunden, zu denen man wichtige Beiträge liefern kann, oder ist man eher dabei, sich zu entfernen? Marktforschung ist angesagt (vgl. Weiss in diesem Band).

IDL sind manchmal davon gekennzeichnet, daß sie ihr Beziehungs-(Kunden)umfeld als selbstverständlich gegeben annehmen. Der Informatiker sieht dann lediglich den Anwender und nicht den Kunden, der Personalentwickler hat seine eigenen Konzepte im Kopf und nicht die Entwicklung des Unternehmens usw. Verschiedentlich sind IDL dabei, sich umzuorientieren und sich als tatsächliche Dienstleister zu verstehen. Für manchen Experten ist das nicht einfach. War die Kritik des Kunden bislang mit dessen ungenügendem Wissen zu erklären, heißt es heute, im Dialog bleiben. Das ist angesichts der zwangsläufig unterschiedlichen Sichtweisen und Interessen über die jeder verfügt, nicht immer einfach. Die Beziehungen zu den Kunden und den wichtigen Einflußgruppen im Unternehmen stehen im Zentrum jedes Dienstleistungsmarketings (siehe Abbildung auf Seite 172).

In der Beratung des Personalbereiches eines großen Werkes stellte sich anläßlich des Themas „Kundenorientierung" heraus, daß bestimmte Probleme der Erreichbarkeit und der Arbeitsüberlastung seit etwa 15 Jahren (!) bestanden. Der Grund war ein einfacher: Die permanente Überlastung mit Verwaltungstätigkeiten verhinderte einen zu direkten Kontakt mit den „anspruchsvollen" Kunden im Werk – man konnte „in Ruhe" die eigenen Dinge verfolgen.

Die eigenen Stärken kennen

Essenz jeder Reorganisation ist das Wissen um die eigenen Stärken. Auch wenn man angesichts der alltäglichen Problemflut eher auf das Defizitäre, auf das nicht oder weniger gut Funktionierende verwiesen wird, ist es von großer Bedeutung und auch Entlastung für einen Veränderungsprozeß zu wissen, was man gut kann, wo Ressourcen bestehen, worauf man aufbauen kann, worauf man sich verlassen kann. Womit hatten wir bisher Erfolg? Was ist das, was daran gut lief? Wie sehen das unsere Kunden?

Wohin bewegt sich das Unternehmen?

Die Stärken oder Kompetenzen können dann in Beziehung zu den wichtigen, laufenden oder bevorstehenden Entwicklungen im Unternehmen gebracht werden. Was sind die derzeit wichtigsten Vorhaben und Projekte des Unternehmens? Wohin weht der Wind? Sind wir bei diesen Vorhaben mit dabei oder geschehen die ohne uns? Haben wir die Hand am Puls? Haben wir Kompetenzen, mit deren Hilfe wir wichtige Beiträge liefern könnten? Wird das im Unternehmen gewußt? Der Bildungsbereich eines

Die Kundenbeziehungen im Zentrum

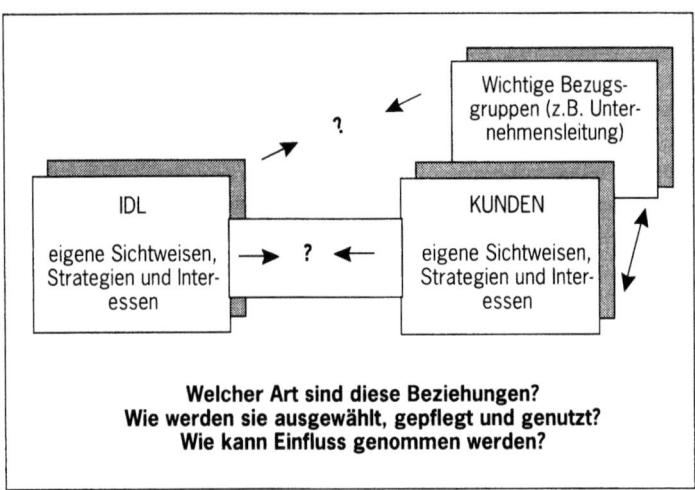

Großunternehmens grenzte sich über Jahre eher von betriebswirtschaftlichen Fragestellungen ab und suchte bis auf wenige Ausnahmen nicht die Zusammenarbeit mit dem Organisationsbereich. Das hatte den Nachteil, daß man bei plötzlich (?) wichtig gewordenen Themen, wie Geschäftsprozeßoptimierung und schlankes Management, die eine Fülle von relevanten Veränderungsprozessen im Unternehmen hervorbrachten, nicht so recht im Boot war. Welche Konsequenzen wird das für die Zukunft und das Image dieses Bildungsbereichs haben?

Was brauchen wir?

Die Beantwortung der Fragen zur Entwicklung des Unternehmens gibt nochmals wichtige Aufschlüsse darüber, in welchem „Lebensstadium" man sich befindet und welche Art von Veränderungsmanagement angesagt wäre: optimieren oder neue Kompetenzen erwerben? Welche Kompetenzen sind notwendig, um an den für das Unternehmen wichtigen Entwicklungen und Prozessen ankoppeln zu können? In welcher Zeit? Wie können wir die erwerben/aufbauen/zukaufen?

Wohin wollen wir?

Kein Veränderungsprozeß kann gestaltet werden, ohne sich zu entscheiden, wohin die Reise gehen soll. Was möchte man erreichen? Welche Ziele möchte man verfolgen? Welche Leistungen erbringen? Mit wem? Mit wem nicht? In welcher Zeit? Was werden die Kosten sein? Welcher Nutzen ist erkennbar? Für wen? Erst ein geteiltes Zukunftsbild (Attraktor) wird die Energie mobilisieren, die notwendig ist, um einen tiefgreifenden Wandel zu gestalten. Ein Beispiel bildete die Serviceabteilung eines Konzerns, die eine Outsourcingstrategie verfolgte. „Alle" machten mit, trotzdem „harzte" der Prozeß. In einem Workshop wurde dann deutlich, daß die geplante Verselbständigung in erster Linie der Wunsch des Abteilungsleiters war, während die Mitarbeiter weder die Notwendigkeit noch das Vorhaben an sich zu gleichen Massen akzeptierten. Eine Uneinigkeit, die nicht klar kommuniziert worden war. Erst die Klärung an diesem Punkt machte die Umsetzung wirklich kraftvoll.

Das gemeinsame Commitment liefert die Möglichkeit, Veränderungen in ihren Höhen und Tiefen durchzustehen und sich erfolgreich neu zu organisieren.

Literatur:

Boyer R.:
Neue Richtungen von Managementpraktiken und Arbeitsorganisation. Allgemeine Prinzipien und nationale Entwicklungspfade. In: Demirovic, A./Krebs, H.-P./Sablowski, Th. (Hrsg.): Hegemonie und Staat. Kapitalistische Regulation als Projekt und Prozeß. Münster 1992

Huber, R.L.:
Outsourcing – Als die Continental Bank ihre „Kronjuwelen" in fremde Hände gab. In: Harvard Businessmanager, 3/1993, S.83-92

Sabel, Ch.:
Das Schlanke Unternehmen – Übertragbarkeit der US-Konzepte auf Firmen in Deutschland und Europa. In: Faix, W.G./Buchwald, Ch./Wetzler, R., Der Weg zum schlanken Management. Landsberg/Lech 1994

Sutrich, O.:
Prozeß-Marketing – oder: das Ende des Marketing-Mix?! In: Gester, P./Heitger, B./Schmitz, Ch. (Hrsg.), Managerie 2. Jahrbuch für systemisches Denken und Handeln im Management. Heidelberg 1993

Womack, J.P./Jones, J.T.:
From Lean Production to the Loan Enterprise. In: Harvard Business Review, March-April 1994, S. 93-105

Interne Dienstleister werden gesellschaftsfähig

Petra Stetter, Hildegund Zimmermann-Seitz

Veränderungen in Gesellschaft und Wirtschaft bringen auch Veränderungen in die Positionierung und den sozialen Status der jeweiligen gesellschaftlichen Gruppierungen. Die internen Dienstleister wie Finanzen, Human Resources & Organization, Marketing etc. sollen im Zuge der Neuorientierung der Unternehmen und nach den Gesetzen des Lean Managements expliziter in den Wertschöpfungsprozeß eingebunden werden. Ihre Aufgabenidentität soll sich erweitern und sie sollen ein neues Selbstverständnis entwickeln. Als Stabsorganisationen hängt ihnen der Makel der Unproduktivität an; die Linienorganisationen, Nutznießer ihrer Dienstleistungen, schätzten sie in der Vergangenheit nicht oder nur wenig. Kein Wunder, daß im Zeichen von „Lean" sich der „Abbaublick" des Managements dann zuerst und schnell auf die Stabsorganisationen richtet. Mit einer Neuorganisation der internen Dienstleister soll das Geben von Leistungen und das Nehmen von Entgelt jetzt durch Kunden- und Nutzenorientierung ausgewogener werden. Denkbare Formen der Neuorganisation der internen Dienstleister reichen von Service Center bis hin zur Verselbständigung als Dienstleistungsgesellschaft mit eigener Rechtsstruktur und Geschäftsführung.

Wie arbeiten Stabsorganisationen?

Tatsächlich haben die Stabsorganisationen, die internen Dienstleister der wirtschaftlichen Hochzeit, sich mehr oder weniger von

Wie arbeiten Stabsorganisationen?

```
                    Betriebsergebnis              Mitarbeiter in
                                                  Stabsorganis.
                         ↑                              ↑
              Minim. des Aufwands    arbeiten ohne Kunden-
                      Beitrag zur Maximierung des Betriebsergebn.    bezug
    Kunden-                                                          Kunden
    orientierung  ←——  Interne Dienstleister  ——→  Linienorganisation
                       Stabsorganis.           Monopolstellung
                  gering
              ↙             ↓              ↘
         Bürokratisierungs-   Arbeitsteilung-Spezialis.   Standardisierung
         phänomäne            von Kunden getrennte        Routinierung
                              Bereiche
       Effizienz              Organisation                Leistungsangebot
```

den Linienorganisationen, ihren Kunden abgegrenzt und in ihren „Expertise-Festungen" ihr Know-how für präzise und formal korrekte Planungsarbeiten, für unbestechliche Qualitätssicherung, für umfassende Unternehmensdefinitionen, für differenzierte Unternehmensstrategien, für Finanz-, Rechts- und Personalfragen „gebunkert". Mit dieser Wissensmacht und der schützenden Nähe zum Topmanagement war der Weg in die Überheblichkeit verführerisch. Die Kunden der Stäbe, die Linienorganisationen, schützten sich vor den intellektuellen Ausschließlichkeitsansprüchen der Stäbe durch deren Abwertung. Jede Gelegenheit wurde genutzt, die Stäbe an den „gesellschaftlichen Rand" im Unternehmen zu drängen.

Die in vielen Unternehmen beobachtbare Spannung zwischen Marketing und Linienorganisation ist ein Beispiel für diese Entwicklung. Die Marketiers entwickelten die zukünftigen Geschäfts- und Marktstrategien und erarbeiteten Pläne für deren Durchsetzung. Sie präsentierten sie dem Topmanagement – dem einzigen von ihnen anerkannten Gesprächspartner – und ließen sie bestätigen. Die Linienorganisationen, in den Prozeß gar nicht oder nur wenig eingebunden, fühlten sich übergangen, ihre Marktkenntnisse entwertet und oft hatten sie auch einfach Verständnisprobleme. Der Weg zu gegenseitiger Abwertung und Mißerfolgsbeschuldigungen war geebnet. Mit der Zeit fand eine Spaltung des Unternehmens in Linie und Stab statt. Der Stab verbürokratisierte mit Folgen für die Effizienz seiner eigenen Leistung und der unternehmerischen Gesamtleistung. Der Finanzbereich z.B. „nervte" mit immer neuen, detaillierteren Berichtsforderungen. Das Listenwesen konnte mit EDV-Unterstützung erst richtig erblühen. Die Kunden wurden zu Zahlenlieferanten und fragten sich immer häufiger, was mit ihren Zahlenberichten angestellt wird, stöhnten über die zusätzliche Arbeit und bezweifelten die Sinnhaftigkeit der Anforderung.

Der Beitrag der Stabsorganisationen zum Betriebsergebnis sollte durch Aufwandminimierung erfolgen. Um die Leistungen kostengünstig zu erbringen, wurden sie wo möglich standardisiert; spezielle „Kundenwünsche" wurden eher als Störung, denn als Herausforderung empfunden. Die Stäbe waren die Monopolisten für Dienstleistungen. Viele Firmen ordneten an, daß Dienstleistungen nur bei den unternehmenseigenen Stabsorganisationen in Anspruch genommen werden dürfen. Tatsächlich weiteten sich die Stäbe dabei immer mehr aus, entwickelten perfekte, umzusetzende Modelle, die sich oft an der eigenen Spezialisierung orientierten und für alle möglichen Fälle meist zu komplizierte Standardantworten bereitstellten. Das Modell Stabsorganisation hier und Linienorganisation da nur kritisch zu sehen, wäre jedoch falsch und ungerecht. Die Standardisierung und Routinierung brachte auch Sicherheit im Dienstleistungsangebot und Ökonomie in den Abläufen; die stringente Arbeitsteilung zwischen Stab und Linie ermöglichte die Konzentration aller Kräfte auf die Dienstleistung und eine ständige Verbesserung der Qualifikation der Mitarbeiter und Steigerung der Produktqualität der internen Dienstleistungen.

Die Rezession, Katalysator für die Wandlung der „Stäbler"

Das eigentliche Problem der Stabsorganisationen war, wie schon erwähnt, der fehlende Anreiz für Kundennähe und das nicht gefragte unternehmerische Selbstverständnis. Die Rezession zwang die Unternehmen zum gesamtheitlichen Umdenken. Lean-Organisation, zunächst für die Produktion gedacht und dann auf alle Unternehmensbereiche übergreifend, ist eine völlig neue Lösung für die organisatorische Gestaltung von Unternehmen; sie setzt auf die Einbeziehung des Kunden und die Transparenz und Betonung der Wertschöpfung.

Daran kommen auch die internen Dienstleister nicht mehr vorbei. Auch sie müssen ihre Leistungen an den Kundenbedürfnissen orientieren und Leistungen anbieten, die den Kunden nützen und sie maßgeblich bei deren Wertschöpfung unterstützen, z.B. durch eine gezielte Finanz- oder Personalberatung. Das geht nicht ohne ein neues, anderes Verständnis von Kundenbeziehung und

Kommunikation mit dem Kunden. Dies meint, daß die internen Dienstleister nach intensiven „Verkaufsgesprächen" mit den Linienfunktionen und abgestimmt auf deren Bedürfnisse ihr Leistungsportfolio entwickeln und anbieten und daß sie flexibel auf Kundenwünsche reagieren.

Ein wichtiges Kriterium für die Tauglichkeit der Dienstleistung ist dann die Akzeptanz und Inanspruchnahme durch den Kunden. Die Kunden werden dabei das Preis-Leistungsverhältnis von internen Dienstleistungen genau unter die Lupe nehmen und die internen Dienstleister können nur bestehen, wenn sie ihre Effizienz erhöhen, die wiederum maßgeblich über die Erfüllung der Kundenbedürfnisse definiert wird. Konfliktär werden immer die Dienstleistungen bleiben, die für ein Unternehmen und für jeden Mitarbeiter existentiell sind, im Wertschöpfungsprozeß aber vergleichsweise niedrig bewertet werden.

Interne Dienstleister werden gesellschaftsfähig

Die Forderung nach Veränderung allein bewirkt aber noch nichts. Erst der Druck aus dem Umfeld verstärkt die Suche nach Lösungen. Das Konzept der „Lean Organisation" ist in viele Bereiche übertragbar. Outsourcing, Management-Buy-Out, Dienstleistungs-GmbH in einer Firmenholding, Profit Center, Competence Center, Integration in die Linie etc. sind als Strukturrahmen für interne Dienstleister denkbar. Sie müssen bei der Neuorganisation der internen Dienstleister unter dem Blickwinkel des Marktes, der Kundenerwartungen und der Unternehmensentwicklung genau überlegt werden und sind unternehmenspolitische Entscheidungen. Die Frage, die wir in diesem Artikel stellen und pointieren ist „wie muß die interne Dienstleistung organisiert werden, und hier explizit der interne Dienstleister Human Resources & Organization, damit sie in die Zukunft eines Unternehmens mit ‚Lean-Philosophie' paßt?"

Organisationsentwurf für den internen Dienstleister Human Resources & Organization

Dieses Modell, das wir Ihnen hier vorstellen, löst sich gedanklich von Bestehendem, nutzt Szenarien aus der Linie, berücksichtigt die Forderungen von Kundennähe und Wertschöpfungstransparenz und achtet auf die Integrationsfähigkeit in bestehende Unternehmenssysteme. Bisher gab es die Stabsorganisation und den Kunden. Die Stabsorganisation stellte dem Kunden Leistungen zur Verfügung, von denen sie dachte, daß sie für die Linienorganisation und das Unternehmen nützlich sind; nach den Kundenbedürfnissen wurde explizit wenig gefragt. Der Kunde nahm die Leistungen entgegen. Sortierte das Brauchbare aus und entsorgte den Rest. Heute bilden interner Dienstleister und Kunde eine gemeinsame Schnittmenge. Sie ist mehr als bloße Berührung, sie ist Begegnung, Interesse, Gespräch und gemeinsames Lernen. Leistung und Nutzen werden balanciert und immer wieder bilanziert. Die Zusammenarbeit ist freiwillig und wird über Kontrakt geregelt.

Wie kommt man zu diesem neuen Modell?

Das Referenzmodell schlechthin ist nach unserer Auffassung das Account-Based-Vertriebsmodell mit dem Accountmanagement (kundenorientiertes Vertriebsmodell mit einem Ansprechpartner, dem ein festdefinierter Kundenkreis zugeordnet ist), das die Antwort der Unternehmen auf die Forderung nach einer kundenorientierten Organisation war. Ziel des Account-Management ist, kundenspezifische Chancen zu erkennen, zu gewichten und systematisch zu verarbeiten, Potentiale der eigenen Leistung

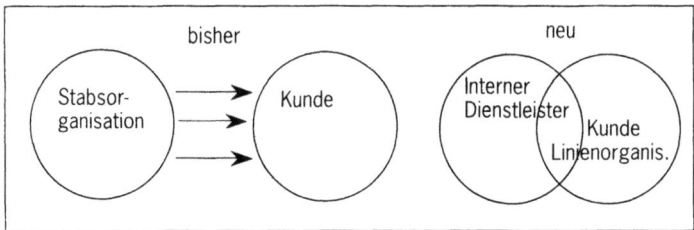

(Produkte, Dienstleistung) auszuschöpfen und zu verknüpfen – orientiert am Kundennutzen. Markt- und Wettbewerbsumfelder zu erkunden und das gewonnene Wissen für das eigene Leistungsangebot und die Beratung des Kunden zu nutzen.

„Prozeßmanagement nach japanischem Vorbild soll die Verschwendung von Arbeit, Material und Zeit reduzieren, und zwar vertikal durch den Abbau der Hierarchie und horizontal durch die Integration der Lieferanten und Kunden in den Waren- bzw. Leistungsfluß". Das heißt Orientierung an Geschäftsprozessen, die vom Kundennutzen her aufgerollt werden, statt Orientierung an arbeitsteiliger Spezialisierung (Funktionen). (Lemmer, S. 217 ff.)
In der Account-based-Organisation hat der Accountmanager die Fäden in der Hand. Von ihm wird eine fundierte Marktkenntnis und unternehmerisches Denken und Handeln erwartet. Er arbeitet und entscheidet in zwei Welten: Einerseits vertritt er als verantwortlicher Repräsentant sein Unternehmen beim Kunden und zum anderen muß er in den Kategorien seiner Kunden denken und den Kundenwunsch ins Unternehmen hineintragen und dort vertreten. Dazu muß er „funktionsübergreifend arbeiten, strategisch denken und ein Team führen können". (Lemmer, S.217ff.)
Er analysiert den Kunden und weiß alles Wesentliche über das Unternehmen und die Bedürfnisse seiner Kunden. Er erarbeitet mit den Kunden zusammen Lösungen für deren spezifische Bedürfnisse. Seine Strategie ist: Leistung – Gegenleistung. Sie basiert auf vielen Informationen, klaren Zielsetzungen und Ergebnissen.

Account-based-Organisation heißt: klare Trennung zwischen Kundenbetreuung und Spezialisten-Know-how. Der Accountmanager ist für die Betreuung der Kunden zuständig; er ist das Interface zum Kunden. Um den Kunden erfolgreich managen zu können braucht der Accountmanager eine effiziente nachgeordnete Arbeitsorganisation mit Spezialisten-Know-how, auf das er zugreifen kann. Dies können Einzelpersonen sein oder sogenannte Kompetenz- bzw. Service- Center.

Der professionelle Account-Manager zeigt dem Kunden die Gesamtleistungen seines Unternehmens auf und setzt die Bedürfnisse des Kunden in Unternehmensleistungen um. Die professionelle Anwendung der Managementinstrumente, Analyse, Zielentwicklung, Planung, Realisation, Koordination und Kontrolle hilft ihm dabei. Die Spezialisten sind disziplinarisch dem Leiter der Kompetenz- bzw. Service-Center unterstellt, werden jedoch fachlich sowohl von ihrem disziplinarischen Chef als auch vom Accountmanager geführt. Diese Matrix-Organisation verlangt von den Managern besondere Fähigkeiten in Führung und Kommunikation, denn es geht auf seiten des Accountmanagers darum, interne Spezialisten wirkungsvoll in das Accountmanagement einzubinden und zu integrieren (z.B: Wissensvernetzung und -entwicklung, Accountteams entwickeln, Arbeitsbeziehungen mit Kunden aufbauen). Auf seiten des Linienmanagers geht es vor allem um Resourcenmanagement und Qualifikationsentwicklung. Für den Erfolg einer Account-based-Organisation sind folgende Elemente entscheidend:

- Die Unternehmenskultur als Vertrauens- und Vereinbarungskultur.

- Die Unternehmensziele als gemeinsames Verständnis; Leuchtturmfunktion bei Zielkonflikten.

- Richtige organisatorische Einbindung; Balance zwischen Accountmanager und Service Center.

- Klare Rollen- und Aufgabenverteilung.

- Das notwendige Wissenskapital in den Kompetenz- bzw. Service Center.

- Kooperation und Koordination. Spielregeln für die Zusammenarbeit.

- Information und Kommunikation über Märkte und Spezialistenpotentiale und -entwicklungen bzw. Auswertung der Kooperation.

Abwägungen von Vor- und Nachteilen bei der Einführung einer Account-based-Organisation für den Vertrieb in vielen Unternehmen haben gezeigt, daß die Vorteile die Nachteile deutlich überwiegen. Vorteile waren, um nur einige zu nennen, eine effektivere Kundenbetreuung, Umsatz- und Gewinnzuwächse, Kostenersparnisse durch kundenspezifische Bündelung von Resourcen. Optimierung des Produktmanagements.

Nachteile entstanden insbesondere durch Interessenskonflikte, Koordinations- und Kompetenzprobleme innerhalb des Unternehmens (z.B. Resourcenmanagement, Entscheidungskonflikte, für welche Kunden ein Accountmanager zuständig sein soll und für welche nicht, ab wann sich Accountmanagement lohnt). Schwierig war immer wieder auch die Besetzung der Position Accountmanager; es war schwierig, Personen mit einem so anspruchsvollen Profil für diese Art Aufgabe zu finden.

Das Human Resources & Organization Modell

Die im vorherigen Abschnitt skizzierten Rahmenbedingungen, unter denen die Account-based-Organisation operieren muß, sind prinzipiell mit denjenigen vergleichbar, die für den unternehmensinternen Dienstleister Human Resources & Organization (HR&O) relevant sind. In dem HR&O-Modell, das wir nun Schritt für Schritt entwickeln wollen, werden daher auch Elemente des Account-based Organisationsmodells Berücksichtigung finden. Zunächst allerdings ist es erforderlich, den Wertschöpfungsprozeß im Bereich HR&O zu analysieren. Auf dem Hintergrund unserer Erfahrungswerte sind folgende Wertschöpfungsstufen erkennbar:

Wertschöpfungskette im Bereich Human Resources & Organization

Stufe 1:
Unterstützung des Linienmanagements bei der Entwicklung von Human-Ressourcen-Portfolios, die für die Geschäftspläne von strategischer Bedeutung sind. Beratung des Linienmanagements bei der Synchronisierung von Geschäftsplänen mit relevanten organisatorischen Rahmenbedingungen, denn Organisationen sind nicht beliebig schnell veränderbar, jedoch von wesentlichem Einfluß auf die Geschäftsentwicklung.

Stufe 2:
Ableitung von Personalstrategien aus den Geschäftsplänen und Definition der zur Umsetzung der Strategien erforderlichen HR&O-Standards und spezifischen Lösungen. Fokussierung auf die Schaffung effizienter Organisationsstrukturen, sowie die Steuerung und Optimierung des Einsatzes von Human Ressourcen des Unternehmens. Management der Human Ressourcen. Management von unternehmensübergreifenden Personalprogrammen.

Stufe 3:
Festlegen, welche HR&O-Dienstleistung über wen und wie an die Kundenbasis geliefert werden (z.B. über die HR&O-Mitarbeiter, über die Linienmanager, über andere Funktionen des Unternehmens, über externe Berater oder durch den Zukauf von Dienstleistungen).

Stufe 4:
Abschluß von Dienstleistungsverträgen über die Entwicklung, Bereitstellung und Lieferung der benötigten HR&O-Dienstleistungen unter Nennung der dafür verantwortlichen Bereiche bzw. Personen.

Stufe 5:
Entwickeln von integrierten HR&O-Lösungskonzepten, Programmen und Instrumenten. Etablierung von Meßkriterien.

Stufe 6:
Lieferung des definierten HR&O-Leistungs-Portfolios.

Stufe 7:
Controlling von Qualität und Effizienz der gelieferten Dienstleistungen. Evaluierung des Return on Investment. Die Ermittlung des Return on Investment (Rentabilität der Leistung) erfolgt in Abhängigkeit vom Nutzen den der Kunde aus der Dienstleistung ziehen will.

Stufe 8:
Ergebniskontrolle anhand der Meßkriterien Ergebniserfolg, Mitarbeiterzufriedenheit, Kundenzufriedenheit.

Die Organisationsstruktur baut auf drei organisatorischen Säulen auf, den Service Center, den HR&O-Accounts und den Disziplinen. Über die Service Center, die nach dem Referentenprinzip organisiert sind, erhalten die Kunden den Großteil der vereinbarten Dienstleistungen. Personalreferenten/Innen und Sachbearbeiter/Innen sind dezidierten Betreuungbereichen zugeordnet. Abhängig von der Struktur des Unternehmens können Service Center unterschiedlich organisiert sein, z.B. nach geographischen Gesichtspunkten oder in einer Mischform.

HR&O-Accounts orientieren sich in ihrer Struktur analog zur Account-based-Organisation an kundenspezifischen Kriterien. Das können sein: die Größe der zu betreuenden Kunden, die Ähnlichkeit der Kundenbedürfnisse, die strategische Bedeutung von Kunden ect. Entsprechend dem Account-Prinzip gibt es für jede definierte Kundengruppe einen HR&O-Account Manager, z.B. HR&O-Account Manager Vertrieb, Kundendienst, Entwicklung und Forschung ect. Die Disziplinen decken unternehmensweite HR&O-Dienstleistungen wie Grundsatzfragen, Entlohnungsgrundsätze und -systeme, Personalentwicklung, Organisationsentwicklung, Personalinformationssysteme und Richtlinien ab.

Das Dienstleistungsspektrum für das die Disziplinen verantwortlich sind, wird von Spezialisten, die über spezielles Know-how in bestimmten Fachbereichen verfügen, abgesichert.

Organisationsstruktur und Arbeitsprinzipien für den internen Dienstleister Human Resources & Organization

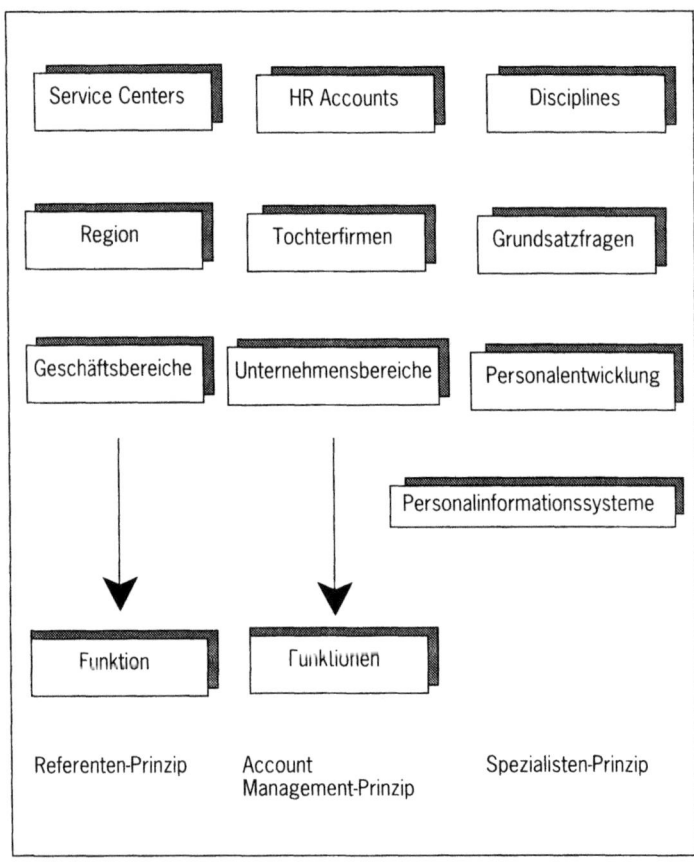

Human Resources & Organization Interaktionsmodell

Wie sich die Interaktionsbeziehungen zwischen diesen drei Bereichen und zum Kunden hin gestalten, läßt sich am besten anhand der Rollendefinition der „Key-Player" (Human Resource Manager = HR&O-Accountmanager, Discipline Manager, Service Center Manager) sichtbar machen.

Human Resources & Organization Funktionsmodelle

Die Rolle des Human Resource Managers = HR&O-Accountmanager

Der Human Resource Manager = HR&O-Accountmanager, der dem Accountmanager des Account-based-Modells entspricht, trägt gegenüber seinem definierten Kundenkreis die Hauptverantwortung für alle HR&O-Dienstleistungen, die seine Kunden beziehen. Er ist gewissermaßen „Personalberater" und „Generalunternehmer" in einer Person und integriert sowohl die Disziplinen als auch die Service Center in den HR&O-Dienstleistungsprozeß.

Auf der Basis der Geschäftsplanung des Kunden definiert der Human Resource Manager = HR&O-Accountmanager ein HR&O-Dienstleistungs-Portfolio, das mit den Kunden abgestimmt wird und für den Zeitraum eines Finanzjahres gültig ist. Wenn feststeht, welche Dienstleistungen der Kunde abnimmt, entscheidet der Human Resource Manager = HR&O-Accountmanager unter Abwägung unterschiedlicher Kriterien wie z.B. Kosten, Qualität, wie und von wem die Dienstleistungen an den Kunden geliefert werden. Dazu ist auch ein Abstimmungsprozeß mit den

**Die Rolle des Human Resource Managers
= HR&O-Account Manager**

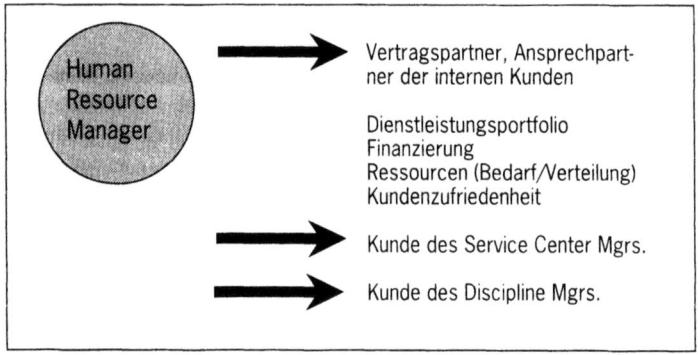

Discipline Managern und den Service Center Managern erforderlich. Der Human Resource Manager = HR&O-Accountmanager verhandelt mit den Kunden nicht nur über Inhalte des Dienstleistungsabkommen sondern auch über die finanzielle Konditionen, vor allem für kundenspezifische Lösungen.

Damit wird auch die Absicherung der Kosten der HR&O-Funktion entschieden. Gleichzeitig leitet der Human Resource Manager = HR&O-Accountmanager finanzielle Mittel je nach Inanspruchnahme der einzelnen Service Center und Disziplinen weiter. Ähnlich einem Finanzminister erstellt er den Haushaltsplan, der die zur Verfügung stehenden Gelder auf die einzelnen Ressorts seiner „Ministerkollegen" aufteilt. Diese Aufgabe ist stark an den Zyklus der Geschäftsplanung gekoppelt; das heißt, sie fällt in bestimmten Zeiträumen schwerpunktmäßig an. Daher sollte sie nur eine Zusatzrolle sein, die in Personalunion mit einer der beiden anderen Rollen – des Service Center Managers oder des Discipline Managers – ausgeübt wird. Eine Vollzeit-Aufgabe ist sie sicherlich nicht.

Die Rolle des Service Center Managers

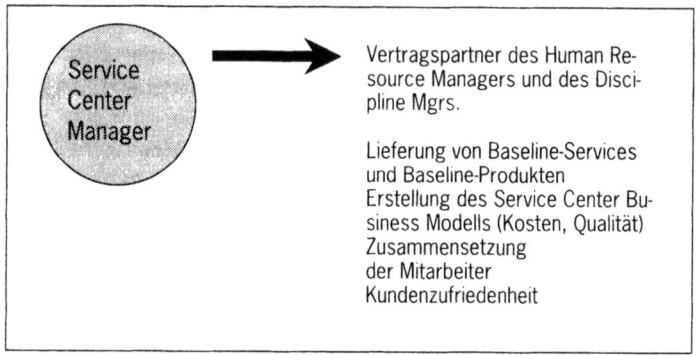

Vertragspartner des Human Resource Managers und des Discipline Mgrs.

Lieferung von Baseline-Services und Baseline-Produkten
Erstellung des Service Center Business Modells (Kosten, Qualität)
Zusammensetzung
der Mitarbeiter
Kundenzufriedenheit

Die Rolle des Service Center Managers

Service Center Manager sind dem Human Resource Manager = HR&O-Accountmanagers gegenüber verantwortlich für die Lieferung des Dienstleistungs-Portfolios an die Kunden, die von ihnen und ihren Mitarbeitern betreut werden. Sie sind disziplinarische Vorgesetzte von Personalreferenten, -spezialisten und -sachbearbeitern. Gemessen werden ein Service Center Manager und seine Mitarbeiter an Qualität, Kosten und Schnelligkeit, mit der sie die Bedürfnisse der Kunden erfüllen. Zum Dienstleistungsspektrum eines Service Center Managers gehören Einstellungen, Ausstellungen, interne Versetzungen, Beratung von Linienmanagern in allen personellen Angelegenheiten, Personaladministration etc.

Die Rolle des Discipline Managers

Der Discipline Manager ist verantwortlich für die Entwicklung einer unternehmensweiten HR&O-Dienstleistungsarchitektur, zu der beispielsweise Gehalts- und Beurteilungssysteme oder Per-

Die Rolle des Discipline Managers

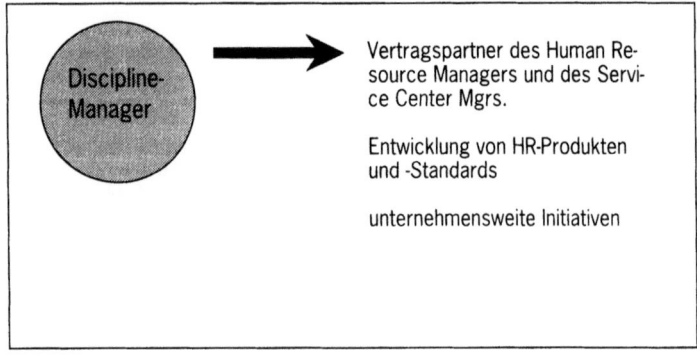

sonalentwicklungsprogramme gehören. Discipline Manager steuern das Design, die Entwicklung und die Umsetzung solcher unternehmensweiten Inititiativen und beziehen als Projektmanager sowohl Mitarbeiter der Service Centers, die über entsprechendes Know-how verfügen, ein, als auch externe Ressourcen. Alle Initiativen, die mitbestimmungspflichtig sind, werden von den Discipline Managern mit den Betriebsräten verhandelt und in Form von Betriebsvereinbarungen verabschiedet. Finanziert werden diese Dienstleistungen aus einem Fond, der von den Mitgliedern der Geschäftsleitung festgelegt wird. Die eingebundenen Service Center erhalten von den Discipline Managern entsprechende finanzielle Mittel für ihre Mitarbeit in Projekten der Disziplinen.

Human Resources & Organization Funding Modell

Das Thema „Finanzierung der HR&O-Dienstleistungen" ist in den vorangegangenen Ausführungen bereits immer wieder angesprochen worden. An dieser Stelle sollen daher nur die grundlegenden Prinzipien des Finanzierungsmodells dargestellt werden, weniger die Details der Zahlungsströme und Verrechnungsmodi, die innerhalb des HR&O-Bereichs stattfinden.

Die durchgängige Anwendung des Kostenverursacher-Modells auf die Verrechnung unternehmensinterner Dienstleistungen hat sich nicht zuletzt wegen des hohen administrativen Aufwands und des komplizierten Preisfindungsprozesses in der Praxis bislang nicht durchsetzen können. Der angemessene Ansatz der Kostenverrechnung wäre nach unserer Auffassung vielmehr die richtige Balance zwischen Kostenverursacher-Prinzip einerseits und Gemeinkostenprinzip andererseits.

Wie finanzieren sich die Disziplinen? Für spezielle Aufgaben, die unternehmensweit durchgeführt werden müssen, werden auf oberster Unternehmensebene (Geschäftsführung) die erforderlichen Finanzmittel in zweckgebundene Fonds eingestellt. Nur so kann verhindert werden, daß Aktivitäten, die für das Unternehmen wichtig sind, von denen der einzelne Fachbereich aber möglicherweise nur mittelbar profitiert, auch tatsächlich durchgeführt werden können. Gerade in wirtschaftlich schwierigen Zeiten können Investitionen in die Human Ressourcen, deren Return on Investment sich erst mittel- oder langfristig einstellt, gesichert werden. Sonst würden sie möglicherweise kurzsichtigen Sparmaßnahmen zum Opfer fallen. Aus diesen Fonds werden die Dienstleistungsportfolios der Disziplinen finanziert. Die Gelder fließen direkt auf die Kostenstellen des Discipline Manager, sind aber „zweckgebunden".

Wie finanzieren sich die Service Center? Die Service Center erhalten aus drei unterschiedlichen Quellen Finanzmittel, abhängig von der Art der Dienstleistung, die sie im einzelnen erbringen. Alle „Standarddienstleistungen", das sind Dienstleistungen, die aufgrund der rechtlichen und wettbewerbsüblichen Bedingungen nicht zur Diskussion bzw. Disposition stehen, werden über eine Pro-Kopfumlage finanziert. Das heißt, für die Standardbetreuung eines Mitarbeiters wird ein Durchschnittskostenwert ermittelt. Abhängig von der Anzahl der zu betreuenden Mitarbeiter erhält das Service Center einen Fixbetrag. Dienstleistungen, die zusätzlich zum Standard-Portfolio abgefragt werden, werden nach dem Kostenverursacherprinzip dem jeweiligen Auftraggeber direkt in Rechnung gestellt. Art, Umfang und Preis dieser HR&O-Dienstleistungen werden vom zuständigen Human Resource Manager = HR&O-Accountmanager mit dem Kunden verhandelt und vereinbart. Die dritte Möglichkeit als Service Center Manager an Finanzmittel zu gelangen, ist die Mitarbeit bei der Erstellung von unternehmensübergreifenden Dienstleistungen unter Leitung des verantwortlichen Discipline Managers.

Vor- und Nachteile des Modells

In den vorangegangenen Ausführungen haben wir versucht, Ihnen eine HR&O-Modell vorzustellen, das zukunftstauglich ist. Sicherlich ist dieses Modell nicht in allen Einzelheiten zu Ende gedacht, aber die Konturen und die Ideen, die dahinterstehen, sind transparent geworden. Zum offenen, konstruktiven Umgang mit einem derartigen Modell gehört auch die Abwägung von Vorteilen und Nachteilen, die möglicherweise mit der Einführung verbunden sind. Zu den positiven Aspekten gehören zweifelsohne:

- die regelmäßige Hinterfragung und Anpassung des HR&O-Dienstleistungs-Portfolios an die internen Kundenbedürfnisse,

- der „sparsame", flexible Umgang mit HR&O-Ressourcen, der durch die vorwiegende Allokation der Ressourcen im Bereich der Service Center und die Hinorientierung zu projektorientierten Arbeits-und Organisationsformen gefördert wird,

- die Reintegration von Aufgaben aus den klassischen Stabsbereichen in die HR&O-Linienorganisation und der Aufbau von zusätzlichem Know-how in diesem Bereich,

- die größere Transparenz des Preis- Leistungsverhältnisses in der Kunden-Lieferanten-Beziehung, in der der interne Dienstleister und sein Kunde stehen,

- die Enttabuisierung des Zukaufs von Dienstleistung von außen bei gleichzeitigem Verbleib der Entscheidungsgewalt im HR&O-Bereich.

Kritisch dagegen könnte sein:

- die Koordination der Abstimmungsprozesse, die zwischen den beteiligten Key-Playern, dem Human Resource Manager = HR&O-Acountmanager, dem Discipline Manager und dem Service Center Manager erforderlich sind,

- die erforderliche Bereitschaft zur Flexibilität der Mitarbeiter in den ehemaligen Stabsbereichen und in der Linienorganisation,

- die Tatsache, daß Discipline Manager und Human Resource Manager = HR&O-Accountmanager eigentlich kaum noch Mitarbeiter haben, die ihnen direkt unterstellt sind, sondern mit Mitarbeitern aus dem Service Centers Bereich auf Projektmanagement Basis zusammenarbeiten müssen,

- die Bedeutung des Verhandlungsgeschicks und des Verkaufstalents der Human Resource Manager = HR&O-Accountmanager, um eine solide Finanzbasis für die HR&O-Funktion zu schaffen,

- die Bereitschaft der Kunden, ihre Bedürfnisse deutlicher als bisher zu artikulieren und im Planungsprozeß des HR&O-Dienstleistungs-Portfolios aktiv teilzunehmen und damit auch etwas von ihrer Zeit zu investieren

Literatur:

Biehal, Franz:
 Lean Service. Paul Haupt, Bern, 1994
Ebert, J.Heinz, Lauer Hermann:
 Key Account Management. Bayerische Verlagsanstalt, Bamberg, 1988
Lemmer, Ruth:
 Schlüssel zum Erfolg. Manager Magazin 6/1992

Die strategische Unternehmensplanung – ein Neuanfang, aber wie?

Betty Zucker

Das Ende des „Heimatschutzes" für interne Dienstleister

Der „Heimatschutz" und das „Versorgungsidyll" der Stäbe neigen sich dem Ende zu. Nach einer langen Zeit inkrementaler und stetiger Verbesserungsprozesse bestehender Strukturen wird in den Unternehmen immer mehr erkannt, daß völlig neue Lösungen gefunden werden müssen, um markante Erfolge zu erzielen.

Michael Hammers Ansicht, daß es nur zwei Gründe zur Umstrukturierung gibt, die nackte Existenzangst oder kluge Voraussicht, gilt momentan nicht nur für Organisationen als Ganzes, sondern insbesondere für viele Stabsabteilungen, den Experten und „Machern im Hintergrund". Dabei wird ihnen wieder stärker bewußt werden (müssen), daß sie für das Unternehmen erst dann einen Wert schöpfen, wenn es ihnen gelingt, ihr Wissen mit der Linie zusammen gewinnbringend umzusetzen, den Transfer ihres Wissens für das Unternehmen als Ganzes zu ermöglichen und einen Beitrag zu den strategischen Unternehmenskompetenzen zu leisten. Erst dann werden sie und ihre Expertise fürs Unternehmen zu einem Vermögenswert. Das Vertrauen in die Experten, ein „Mechanismus zur Reduktion von Komplexität" (N. Luhmann) und zur Kompensation von Erfahrungs- und Expertisedefiziten ist auf verschiedenste Weise verlorengegangen. Es hat dazu geführt, daß viele von der Linie oft als notwendiges Übel, als unnütze Bürokratie, als Wasserköpfe, Polizisten oder Besserwisser betrachtet werden. Peter Drucker, der amerikanische Managementpapst geht sogar soweit: „Stabsarbeit korrumpiert".

Die Unternehmen formieren sich teilweise grundlegend neu und schlachten manch heilige Kuh (siehe Beitrag C. Schmitz). Sind die Stäbe in der Lage, dies trotz des erheblichen Drucks nicht nur als Bedrohung, sondern auch als Chance zu sehen, so können sie diesen Prozeß aktiv mitsteuern, für die eigene Neupositionierung nutzen und sich dabei mitverändern. Ausgetretene Pfade können jetzt verlassen werden. Querlegen ist jetzt gefragt, auch wenn das riskant erscheinen mag.

Was diese Entwicklung für die strategische Unternehmensplanung bedeuten kann, soll im folgenden skizziert werden.

Planung im Abseits

„Unser Unternehmen ist unberechenbar" klagte mir ein Vorstandsmitglied einer der größten Versicherungen. Unternehmensrealitäten verändern sich schon lange unabhängig davon, ob die Veränderung von den strategischen Planern vorhergesehen wird oder nicht. Das Unternehmen will und kann ja auch kein „Planungs-Musterschüler" sein. Wäre es das, würde die in Unternehmen vorhandene immanente Innovationskraft verloren gehen, die dafür sorgt, mehr oder weniger mit den heute täglichen Überraschungen umzugehen. Es würde dann überspitzt heißen: Plan erfüllt – Unternehmen im Abseits.

Gespräche mit 100 Unternehmensgründern innerhalb der Gruppe der 500 in USA am schnellsten wachsenden Firmen ergaben, daß über 40 Prozent von ihnen ohne genaue Planung arbeitet. Warum? Sie bewegen sich in derart schnellebigen Märkten, daß es ihnen wichtiger erscheint, mit Volldampf zu operieren, sich auf ihre

„Witterungsfähigkeit" zu verlassen und sich nach den jeweils ergebenden Opportunitäten zu richten, anstatt sorgfältig zu planen. Nun mag die Gründungskonstellation eine spezifische sein, aber verbirgt sich hinter den vielbeschworenen Schlagworten des „unternehmerischen Denkens und Handelns" oder des „Neustarts auf der grünen Wiese" nicht auch der Gedanke und das Ziel, ähnliche Energien wie beim sprichwörtlichen „Pionier" zu entfalten? Und abgesehen davon, welche Märkte sind heute nicht schnellebig?

Wenn Zahlenakrobatik mit strategischem Denken verwechselt wird

Von strategischen Planern wird erwartet, die besten Strategien für das Unternehmen und die einzelnen Schritte für ihre Umsetzung rational zu entwerfen und zu berechnen. Jedes Risiko sollte berechnet werden. Aus Unternehmenssicht erscheint klar, daß das Eingehen von Risiken zum unternehmerischen Handeln gehört. Vom Management allerdings wird Risiko und (persönlicher) Erfolg eher als unvereinbar wahrgenommen, denn die Anreizmechanismen vor allem in großen Organisationen begünstigen oft die Sicherheit. Das unbewußte „Programm" der Manager scheint die Unsicherheitsvermeidung zu sein und für die Risikobekämpfung will man unter anderem die Planungsexperten einsetzen. Diesen Erwartungen kamen die Experten der Planung früher allzugern entgegen.

Bloß, das funktioniert heute noch weniger als damals. Im knallharten Wettbewerb von heute geht es vielfach um einen Wettlauf mit der Zeit. Zeitvorsprünge, das Betreten von Neuland als erster, das ist ex definitione unternehmerisches Risiko, das weder delegierbar noch vermeidbar ist.

Darüber hinaus sind heute Konsumgüter bei uns keine Mangelware mehr, die Kunden übernehmen das Kommando und jeder

Kunde zählt. Früher konnten noch die Unternehmen die Richtung eher bestimmen.

Strategisches Denken, Strategien für Zeitvorsprünge entwickeln, Strategien entwerfen, neue Wege finden bzw. erfinden und mit ihnen experimentieren ist gefragt. Dies ist nicht gleichzusetzen mit strategischem Planen. Im Gegenteil, dies kann es verhindern. Denn es verführt allzu leicht dazu, daß unternehmerisches Denken im Sinne des Entwickelns von Strategien, des Antizipierens zukünftiger Realitäten und Visionen verwechselt wird mit Zahlenmanipulationen, die auf klaren und „objektiv" definierten Zielen und Problemen sowie fixierten Ziel-Mittel-Relationen basieren. Dabei gerät leicht aus dem Blick, daß die Zahlen von heute die Gedanken von gestern widerspiegeln.

In der Praxis reduziert sich die strategische Planung meist auf eine Weiterverarbeitung bestehender Strategien und interner Festlegungen, seien es Strukturen, Geschäftsfelder, Klassifizierungen und Kategorisierungen. Planungsentscheidungen bestätigen dann letztlich den schon eingeschlagenen Weg. Abgesehen davon, daß routinierte Planungsprozeduren zu einer sich verselbständigenden Planungsbürokratie führen und die Gefahr bergen, Planungsroutine mit Realität zu verwechseln, sollten ja heute gerade diese Wege für die Zukunft verändert werden.

Es braucht Neuentwürfe, die außerhalb der Erwartungen liegen, um fortschrittsfähig zu bleiben. Das kann aber nur durch strategische Denkarbeit geleistet werden und zwar von allen relevanten Beteiligten.

Darüber hinaus ist Planung bislang vorwiegend analytischer Natur und dies unter der Flagge scheinbarer Rationalität. Dabei ahnen die meisten, daß die Rationalität nur benutzt wird, um etwas als richtig zu legitimieren, wovon man vorher nicht wissen kann, ob es richtig sein wird. Allzu häufig dienen Pläne lediglich der Illusion von Vorgesetzten, alles unter Kontrolle zu haben. Zu diesem Zweck werden Datenberge, Statistiken, Vergleiche, Umfragen, vermeintliche Fakten und Informationen produziert. Bis sie geprüft und genehmigt werden, sind sie nicht selten schon veraltet. Oft sind es aggregierte Informationen, denen qualitative Aspekte oder auch wichtige Nuancen, die relevante Signale für Veränderungen und Trendwenden sein können, fehlen. Doch abgesehen davon: Daten allein machen noch keine innovative Neuausrichtung. Die Fähigkeit, sie zukunftsorientiert zu interpretieren, ist relevant.

Doch eine weit verbreitete Hilflosigkeit ist in der entstehenden Unübersichtlichkeit beobachtbar. Nicht nur Nancy und Ronald Reagan, sondern immer mehr Führungskräfte aus Top-Etagen konsultieren Astrologen, Pendler, Seher usw. Die Esoteriker unter den Beratern spüren keine Rezession, im Gegenteil. Und dann das Umsetzen.Wie oft erleben wir in Organisationen, daß das Management, die Planer und die Mitarbeiter wissen, was zu verändern ist, aber das Unternehmen aufgrund seiner internen Konstellationen trotzdem auf der selben Spur weiterfährt bis ...

Abgesehen davon impliziert die praktizierte Formalisierung, daß die enthaltenen Informationen in logischer Folge erst verstanden, dann internalisiert und umgesetzt werden. Das kann, muß aber nicht sein. Der Prozeß der Strategiefindung ist in der Regel kein linearer Prozeß. Er kann ebenfalls in umgekehrter Richtung laufen: „Erst probieren und dann studieren." Auf diese Weise hat so manch erfolgreiches Pilotprojekt soviel Attraktivität entwickelt, daß es zu einem tragfähigen Strategiebaustein wurde.

Im Rahmen der Planung werden Ziele in einzelne Schritte heruntergebrochen und entsprechend formalisiert. Dabei werden die etablierten Kategorien wie Produkttypen oder Unternehmensstrukturen aufrechterhalten bzw. neu geordnet.

Heute müssen diese Kategorien jedoch neu erfunden werden. Dies bedingt zusätzlich zur Analyse eine Synthese aus Erfahrungen, harten Daten, Intuition und Kreativität. Kurz: Die verschiedenen, oft nicht quantifizierbaren Perspektiven müssen integriert und in eine neue Ausrichtung gebündelt werden.

Was kann das für eine Neuausrichtung und ein neues Selbstverständnis der „strategischen Unternehmensplaner" bedeuten?

Lernprozesse institutionalisieren

Unternehmensplaner werden wichtiger denn je, aber nicht mehr als Planer für die Geschäftsleitung und die Linie, sondern als Berater, Partner und Manager eines Prozesses der Strategieentwicklung gemeinsam mit der Geschäftsleitung und der Linie.

Wie? Indem in einem gemeinsamen Lernprozeß die spezifische Eigenart und die operative Komplexität des Unternehmens im Unterschied zu anderen Unternehmen identifiziert, hervorgekehrt und genutzt wird. Dieser Lernprozeß im Unternehmen sollte so gemanagt werden, daß möglichst viele internen und externen Erfahrungs- und Wissensquellen wie Kunden oder Partner der Firma gezielt genutzt, synthesiert und in eine strategische Neuausrichtung transformiert werden. Dabei können und sollten bestehende Bewertungsmaßstäbe, Standards und Kategorien hinterfragt werden, ob sie auch in Zukunft zieltauglich sind oder nicht. Mit den „Eigenwerten", die dabei produziert werden, kann sich das Unternehmen im Markt unverwechselbar positionieren und im Innern das Verhalten und die Entscheidungen dementsprechend lenken.

Die an verschiedenen Orten der Organisation bestehenden Erfahrungen und das Wissen können dann „angelegt statt abgelegt" werden. Dazu gehören sowohl die „weichen" persönlichen Einsichten, Bewertungen und Erfahrungen als auch die harten „facts and figures". Dazu gehört das Meß- und Zählbare und die immateriellen, intangiblen Qualitäten. Zu diesem Prozeß gehören Pragmatismus und Phantasie, gepaart mit dem Willen zu experimentieren, das heißt Unsicherheiten und Risiken einzugehen, und vor allem die Menschen, die diese unverwechselbaren Leistungen erbringen.

Man hat die Erfahrung gemacht, daß Strategien nicht ohne die direkt Betroffenen entwickelt und vor allem implementiert werden können. Entwickeln, Planen und Handeln lassen sich nicht trennen. Henry Mintzberg weist darauf hin, daß ironischerweise die strategische Planung eine der wichtigsten Botschaften Taylors vergessen hat: Bevor man Arbeitsprozesse programmiert, muß man sie voll und ganz verstehen. Aber wie entwickeln erfolgreiche Manager ihre Strategien wirklich?

Studien haben gezeigt, daß sie auf die weichsten Informationen zurückgreifen, sich im Alltagsgeschäft „die Hände schmutzig machen" und nicht selten reale Strategien aus zufälligen Gelegenheiten, die sie beim Schopfe packen, herauskristallisieren. Es sind nicht diejenigen, die fern vom Geschäft abstrakte Ideen kreieren. Sie stehen mittendrin und sind gleichzeitig in der Lage, das sich abzeichnende größere Bild aus den vielen kleinen Mosaiksteinen zu erkennen.

Vom Entwerfer zum Verwerfer, vom Unternehmensplaner zum Strategiecoach

Ihre Aufgabe kann sein, diesen nicht linearen Prozeß zu steuern. Es gilt die Linie, diejenigen, die mittendrin stehen, in die Strategieentwicklung zu „verwickeln", das heißt, sie zu ihrer zu machen. Die Grenze zwischen Planern und „Beplanten" wird dabei zunehmend verwischt. Die strategische Planung kann dabei zum Anlaß und Instrument für das strategische Denken, Nach- und Vordenken werden. Über sich selbst, das Unternehmen und das relevante Umfeld, heute, morgen und übermorgen. Kurz: der Selbstbeobachtung. Der „Kunde" der strategischen Planung ist dann nicht mehr wie bislang vorwiegend die Geschäftsleitung sondern das Unternehmen als Ganzes.

Dabei ist es als Dienstleister wichtig, „die Leute da abzuholen, wo sie sind", das heißt, ihnen als Berater für strategische Fragen mit der entsprechenden Expertise die Instrumente für diesen Prozeß zur Verfügung stellen und sie zu orientieren, was das Ziel eines solchen Vorgehens ist. Was der einzelne Manager davon hat (eventuell Zeit- oder Geldeinsparungen, Imagegewinn), wie dieser Prozeß abläuft und wie er mit den Jahresplänen etc. zusammenhängt. Die erforderlichen Informationen, Planungs- und Controllinginstrumente, Vorschläge zum Vorgehen etc., gehören nach wie vor dazu.

Es kommt aber vor allem darauf an und ist möglicherweise das schwierigere, der Linie die richtigen Fragen zu stellen. In der Rolle des Coachs, Katalysators, Moderators oder Hofnarrens, „immer hart an der Frühpensionierung vorbei" wie es ein Unternehmensplaner eines großen Warenhauskonzerns beschrieb. Das Ziel ist Althergebrachtes zu verwerfen und die Linie beim Finden neuer Antworten zu begleiten anstatt die richtigen Antworten für sie zu entwerfen.

Es geht darum, den Status quo herauszufordern, die Selbstverständlichkeit, die Grenzen der routinisierten Muster der Problemlösung, der Planung, der eingespielten Abläufe der Leistungserbringung und der Aufrechterhaltung des Bestehenden zu identifizieren und zu hinterfragen. „Sind sie in Zukunft noch zieldienlich oder nicht?"

Zum Status quo gehört auch die bisher noch weit verbreitete Annahme und die Basis der herkömmlichen Unternehmensplanung, daß Entwicklungen zentral geplant, berechnet, gesteuert und kontrolliert werden können. Doch die wachsende Komplexität bringt mit sich, daß der Überblick über die Bedingungskonstellationen immer mehr verloren geht, sich immer weniger wiederholen wird und daß es deshalb in Zukunft eher um ein „mutiges Mitfließen" (V. Flusser) gehen wird, was aber hohe Selbststeuerungsfähigkeiten der verschiedensten Einheiten im Unternehmen verlangt.

Diese Situation wird ja im Management bald täglich erlebt und braucht andere, für den Einzelfall zu gestaltende Formen für den Planungsprozeß selbst. Das Unvorhersehbare muß explizit integriert werden, aber auch z. B. andere Formen der Datenerhebung. Wer soll etwa die Relevanz von welchen Daten definieren und wie können sie erhoben werden, damit sie Informationen liefern, die ein „Mitfließen" eher ermöglichen und ein Hinterherhinken vermeiden?

Ein Beispiel liefert die Veränderung der Shell-Unternehmensplanung durch DeGeus. Unzufrieden mit den üblichen Planungsritualen führte der damalige Planungschef neue Arbeitsformen ein und definierte die Planungsarbeit als Arbeit an den mentalen Modellen des Managements. Mit Hilfe von Szenariotechniken brachte er das Management dazu, sich mit Alternativen und Konsequenzen unterschiedlicher, in Zukunft möglicher Marktbedingungen zu beschäftigen. So erweiterten sich die Vorstellungswelten und Handlungsmöglichkeiten der Manager. Shell hatte daraufhin in der Ölkrise die besseren Karten.

Das Shell-Beispiel zeigt auch eine Redefinition der Beziehung zwischen Unternehmensplanung und Management. Die entscheidenden Fragen für DeGeus waren: Was ist unsere Aufgabe als Planer? Und: Woran werden wir die erfolgreiche Aufgabenbewältigung erkennen? Die Rede ist also vom Verständnis eines internen Dienstleisters hinsichtlich seines Auftrages, seiner Kundenbeziehungen und den Möglichkeiten, in diesen Beziehungen wirksam zu sein.

Was die Datensammlung und -verarbeitung betrifft, so beschloß eine schweizer Privatbank, dies gezielt mit bestehenden und potentiellen Kunden zu tun. Sie lud z.B. Frauen in höheren Managementpositionen und einer bestimmten Einkommensklasse zusammen zu einem Abend ein, um herauszufinden, welchen Service sie sich besonders wünschten und worauf es ihnen ankommt. Sie erhielten nicht nur durch die verschiedenen Voten der Eingeladenen Informationen, sondern auch durch die professionelle Beobachtung deren Verhaltens vor (Reaktionen auf Einladung und spezielle Wünsche für den Abend), während und nach diesem Anlaß. Die vorher in der Bank leitenden Prämissen über diese Zielgruppe konnten revidiert werden. Es gab viele Stimmen, die vorher sagten „macht nur, es kommt sowieso niemand" bis hin zu „wenn wir die fragen, wie stehen wir denn vor unseren Kundinnen da, wir müßten das doch wissen?". Sie wurden gründlich „enttäuscht".

„Ich weiß, daß ich nichts weiß." Sokrates hatte seine eigene Art entwickelt, herauszuarbeiten, wo die jeweiligen Grenzen bei seinen Dialogpartnern lagen. Das sokratische „Nichtwissen" ist eine kostbare Ressource. Denn wer schon alles weiß, fragt zuwenig. Er kann nicht nur wenig lernen, sondern er verhindert für sich und andere Gelegenheiten für aufmerksame Begegnungen mit anderen Menschen mit unterschiedlichen Perspektiven und den darin innewohnenden kreativen Optionen.

So ließ ein Warenhaus das Sportartikelsortiment einmal nicht vom Einkäufer zusammenstellen, sondern lud dazu die „Kids" ein. Nicht nur, daß ein anderes Sortiment zustande kam, darüber hinaus ergab dieser „event" viele wertvolle Informationen über das Einkaufsverhalten und die noch unerfüllten Wünsche „unserer Jüngsten", die die Kunden von morgen sind. Weitere Ideen und Anregungen entstanden und konnten umgesetzt werden, die nichts mehr mit dem eigentlichen Sportartikelsortiment zu tun hatten.

Gute Fragen können verunsichern und zu neuen Einsichten führen. Sie schärfen den Blick aufs Unternehmen in seinem Umfeld, der ohne diese stumpf werden kann.

Darüber hinaus ermöglicht dieser Ansatz eine andere Haltung. Nicht selten lief der Unternehmensplaner mit der mehr oder weniger verborgenen Überzeugung durch die Gänge, daß „alles Zukunftsweisende über seinen Tisch geht". Was dann im Zusammentreffen von Linie und Planern oft passiert, die „Kunst der Überlegenheit" also, wird selten geschätzt. Unterlegenheitsgefühle können entstehen und „dabei verdienen wir schließlich das Geld".

Wird in Zukunft der wertschöpfende Beitrag interner Dienstleister für das Unternehmen betrachtet, so ist „Nur der ist groß, der andere groß macht", eine hilfreiche Denkschnur für interne Dienstleister. Die fragende, explorierende Haltung ermöglicht dies eher und auf besserwisserische Gesten kann leichter verzichtet werden, so daß der Experte weniger als „der Große" wahrgenommen werden kann.

Irritation als Plan

Um dies erfolgreich zu tun, können sie z.b. konstruktiv irritieren und provozieren, unkonventionelle Denkfiguren, neue Bahnen und Zusammenhänge anbieten, Gewohntes redefinieren und in einem anderen Licht erscheinen lassen, auf Chancen, Gefahren und Risiken, Trendwendungen hinweisen und natürlich Überlegungen prüfen, elaborieren, Wesentliches von Unwesentlichem unterscheiden lassen und auf den Boden der Realität bringen. Sie können die Beteiligten „auf dem Kopf stehen lassen, um auf neue, eigene Füße zu kommen".

Dabei ist wichtig, diese Irritationen möglichst „anschlußgenau" zu lancieren, das heißt, sie als Moderator und Berater so einfließen zu lassen, daß sie auch „gehört" und weiterverarbeitet werden können und nicht am produzierten Widerstand abprallen. Hilfreich ist dabei die Annahme, daß die Beteiligten ihre Irrtümer mit den damit verbundenen Implikationen selbst erkennen und die richtigen Schlüsse ziehen können. Eine gelungene Provokation führt etwa den Beteiligten plastisch vor Augen, wohin ein unverändertes Verhalten führen kann. Es bewirkt oft ein Lachen oder Schmunzeln und führt zu einer Lockerung im wahrsten Sinne des Wortes.

In diesem Prozeß können auch die in der Linie bislang unerkannten oder ungenutzten strategischen Denkpotentiale integriert oder für die Zukunft trainiert werden. Denn für ein strategisches Management sind sie nicht gerade hinderlich. Er ermöglicht Korrekturen von Fehleinschätzungen infolge der oft beobachtbaren Selbstüberschätzung von Managern, ungewohnte Reflexionen und „Störungen" von eingeschliffenen, fast reflexartigen Interpretationsmustern des Managements.

Nach einer Kienbaum-Studie stehen in Unternehmen auf der einen Seite 16 Prozent Visionäre und Entdecker, die voller Ideen sind und schon fast triebhaft nach Neuem suchen. Diese beklagen sich oft, daß ihnen unaufmerksam, unduldsam, ja abweisend begegnet wird. Von wem? Ihnen gegenüber stehen 84 Prozent verschiedenste Typen, die alle eins gemeinsam haben: Sie hassen nichts mehr als Veränderung. Einen Dialog, eine für alle Beteiligten fruchtbare Auseinandersetzung zwischen diesen Gruppen im Unternehmen und eine gegenseitige Irritation in Gang zu bringen, mit dem Ziel, eine neue Strategie zu entwickeln, ist ein wichtiges aber keineswegs einfaches Unterfangen. Gelingt sie den „Planern", können mit ihrer Hilfe Entwicklungen in Gang kommen, die dem Unternehmen viel eröffnen.

Was nutzen die Veränderungen?

Bleibt die Frage, mit der Interne Dienstleister immer mehr konfrontiert werden: Was bringt's? Der Nutzen für das Unternehmen ist offensichtlich. Differenzen zum Herkömmlichen werden in die Reflexionsprozesse des Unternehmens eingeführt und können als solche irritieren, stimulieren, zu Neuem animieren und fruchten. Dialoge über gemeinsame Ziele, Kompetenzen, Selbstverständnisse und Grundannahmen, Ressourcen, Einschätzungen des Umfelds („Wir sind bei weitem nicht so inkompetent wie unsere Konkurrenz"), des Möglichen und Unmöglichen, über Teilstrategien und ihre Verbindung, wirken identitätsstiftend, bilden Vertrauen und Orientierung und erleichtern die Selbststeuerung, die Planung und ihre Implementation. Dies ganz abgesehen von der, in Zukunft immer wichtiger werdenden, Knowledge-Entwicklung, die während dieses Prozesses stattfindet und zu gemeinsamen Neuentwürfen führen kann. Auf diese Weise leisten die „Planer" einen Beitrag zur Neuerfindung des Unternehmens und gleichzeitig erfinden sie sich im Rahmen dieses Prozeßes selber neu.

Die Implikationen sind vielfältig: Es können sich neue „Produkte" der „Planung" herauskristallisieren, sie stellt ein „Irritationswissen" zur Verfügung, ist Experte für strategische Fragen, in der Rolle des Beraters und des Katalysators. Sie gestalten den notwendigen Rahmen für den Prozeß der Strategie-entwicklung, den zeitlichen Ablauf, den geeigneten Rahmen in Form von Workshops für die vielfältigsten Diskussionen, Debatten und Dialoge, für kreative und zukunftsorientierte Denkprozesse, Werkstätten für realisierbare Utopien. Sie integrieren dabei Innen- mit Außensichten und sorgen auf diese Weise für eine veränderte Wahrnehmung von sich selbst und dem Umfeld. Sie helfen bewährte Traditionen zu identifizieren und für morgen und übermorgen neu zu interpretieren, damit diese ein Sprungbrett und nicht zum Ruhekissen oder gar zur Blockade für die gleichzeitig zu entwickelnden Neuentwürfe werden.

Die Qualifikationen der „Planer" werden sich ebenfalls ändern. Neben den Analysefähigkeiten und der „Zahlentechnologie", die selbstverständlich weiterhin notwendig bleibt, werden soziale Fähigkeiten wie z.B. Moderationskompetenz wichtig. Konstruktiv provozieren, im richtigen Moment mit dem passenden Ton, will gekonnt sein, Sonst mündet es schnell in eine ungewollte Konfrontation, die Mißmut, Widerstand, „Schwarzer Peter"- und „ja aber"-Spiele produziert. Sensibilität für und Wissen über Entwicklungsprozesse und ihre Dynamik in Organisationen sowie Projektmanagement-Know-how ist notwendig für die Steuerung des Prozeßes der Strategieentwicklung selbst.

Die Arbeitsweisen und die Organisation der „Planer" werden sich ändern. Möglicherweise arbeiten sie enger mit anderen internen Dienstleistern wie der Organisation oder EDV zusammen bzw. koordinieren das relevante Expertenwissen im Unternehmen und sorgen dafür, daß es zur richtigen Zeit am richtigen Ort ist. Erst wenn unterschiedliche Perspektiven in gegenseitige „Sinnenergie"-Ergebnisse münden, entstehen sogenannte Synergieprozesse, die für das Unternehmen gewinnbringend sind. Kurz: Das Erbringen dieser internen Dienstleistung für das Unternehmen wird neu erfunden – und zuguterletzt wird sich dann möglicherweise auch das Etikett für diese Dienstleistungen ändern.

Vorausgesetzt es entsteht eine andere Haltung gegenüber der Planung – und zwar bei den Planern und der Linie. Beide müßten sich von ihrer Illusion, daß alles planbar, rational berechen- und kontrollierbar ist, verabschieden und statt dessen das Risiko lieben lernen und eine Neugier am Explorieren und Experimentieren entwickeln. Sie sollten sich die Freiheit des Planens im Entwurf nehmen, verbunden mit dem konsequenten Willen gemeinsam Unternehmenswirklichkeiten zu schaffen, die in den jeweiligen Kontext passen. Denn Unvorhersehbarkeit heißt nicht prinzipielle Unlenkbarkeit. Und für das gelegentliche Durch- und Aushalten bei unvermeidbaren Unsicherheiten und Enttäuschungen: Das Ganze würzen mit einer Prise Leidenschaft für das Geschäft.

Das Geschäft in die eigene Hand nehmen

Die skizzierte mögliche Neuerfindung der strategischen Planung bietet einige generelle Aspekte für Neuorientierungen interner Dienstleister.

Wesentlich ist ein proaktives Überprüfen und gegebenenfalls Redefinieren der eigenen Leistungen mit den einhergehenden Rollen und Haltungen im Hinblick auf ihre Attraktivität und ihren Wert fürs Unternehmen. Und dies, bevor die Linie den internen Dienstleistern den Kampf ansagt.

Folgende Fragen können dabei am Anfang hilfreich sein:

Nehmen Sie an, Sie könnten sich „auf der grünen Wiese" als interner Dienstleister neu erfinden.

- Was würden Sie anbieten? Was nicht (mehr)?

- Wer wären Ihre Kunden? Wer nicht?

- Welchen Nutzen hätten Ihre Kunden und die Kunden Ihres Unternehmens/Organisation, die Kunden Ihrer Kunden?

Viele Geschäftsleitungen betonen immer wieder, daß der Bedarf nach Kompetenz steigt. Ein Identifizieren, Stärken und Nutzen der eigenen Potentiale und Stärken ist ebenso wichtig wie das Erkennen der noch zu entwickelnden Kompetenzen, die für die Erbringung neuer Dienstleistungen notwendig werden. Und last but not least: Wohin wollen Sie? Wie paßt dies in den „internen Trend" Ihres Unternehmens?

Ein Trend ist klar: Die Unternehmen können in den Märkten nicht bestehen, ohne daß auch die internen Dienstleister Kompetenz entwickeln und Verantwortung übernehmen, in Zusammenarbeit mit der Linie den Wandel zu realisieren.

Dieser Wandlungsprozeß braucht Zeit, auch für Experimente. Es geht um Veränderungen mit Menschen. Um diese Zeit zu kämpfen lohnt sich, für die Zukunft als Interner Dienstleister und für das Unternehmen.

Literatur:

A. Bhide:
    How Entrepreneurs Craft Strategies That Work, HBR 2/94
H. Mintzberg:
    The Fall and Rise and of Strategic Planning, HBR 1/94
R. Königswieser, C. Lutz:
    Planungs – Korsett oder Experiment, GDI Impuls 3/93
B. Heitger, C. Schmitz, B. Zucker:
    Über den Stab brechen .., in Managerie 2, Heidelberg 1994
Dirk Baecker:
    Die Form des Unternehmens, Frankfurt 1993, Blick durch die Wirtschaft, Führungskräfte weichen oft Ideen aus, 02.03.1994
Cash:
    Interview mit Peter Drucker, Nr. 25, 25.06.1993

Autoren und Herausgeber

François U. Escher:
Strategien und Allianzen, Digital Equipment Corp. Int'l., Europe.

Hans Fink:
Leiter des Bereichs Fort- und Weiterbildung, Mercedes-Benz-AG, Werk Wörth.

Dr. Barbara Heitger:
Geschäftsführende Gesellschafterin der Beratergruppe Neuwaldegg, BGN/FGN Wien.

Wolfgang Mathera:
Leiter der technischen Datenverarbeitung, Svarovski, Innsbruck/Wattens.

Dr. Christof Schmitz:
Unternehmensentwicklung, Brütten.

Hardy Schmitz:
Geschäftsführer, Compunet Computer AG, Berlin.

Petra Stetter:
Management Consultant, Digital Equipment Deutschland GmbH, München.

Manfred Theunert:
Leiter Organisation, Personalwirtschaft, Ausbildung, BMW Regensburg.

Dr. Werner von Wartburg:
Organisationsberater, CIBA-GEIGY AG.

Hildegund Zimmermann-Seitz:
Wirtschaftspsychologie in Aktion, Unternehmensberatung, München.

Betty Zucker:
Gottlieb Duttweiler Institut, Leiterin der Abteilung Unternehmensentwicklung, Rischlikon.

Für Ihre Anregungen, Anmerkungen und Notizen:

Für Ihre Anregungen, Anmerkungen und Notizen:

Für Ihre Anregungen, Anmerkungen und Notizen:

Weitere Titel der Edition GABLERS MAGAZIN

- ❏ D. Schuppert/I. Walsh/M. Kielbassa/A. Lukas/ R.-G. Hobbeling (Hrsg.): Langsamkeit entdecken, Turbulenzen meistern – Wie Sie sich für turbulente und dynamische Zeiten rüsten können, ISBN 3-409-18723-5, 256 Seiten, 48,– DM

- ❏ U. Brommer: Lehr- und Lernkompetenz erwerben – Ein Weg zur effizienten Persönlichkeitsentwicklung, ISBN 3-409-18722-7, 152 Seiten, 36,– DM

- ❏ W. Burckhardt (Hrsg.): Schlank, intelligent und schnell – So führen Sie Ihr Unternehmen zur Hochleistung, ISBN 3-409-18 31-6, 206 Seiten, 36,– DM

- ❏ R. J. Schätzle: Marktüberlegenheit und persönliche Effizienz – Wie Sie mit integriertem Management Ihr Unternehmen fitter machen, ISBN 3-409-18732-4, 200 Seiten, 36,– DM

- ❏ B. Hommerich, M. Maus, U. Creusen: Die Chance Innovation – Wie Sie Wandel mit Mitarbeitern leben und gestalten, ISBN 3-409-28735-3, 168 Seiten, 48,– DM

- ❏ D. Schuppert/A. Lukas (Hrsg.): Lust auf Leistung – Die neue Legitimation in der Führung, ISBN 3-409-18734-0, 197 Seiten, 48,– DM

- ❏ J. Mees/S. Oefner-Py/K.-O. Sünnemann: Projektmanagement in neuen Dimensionen – Das Helogramm zum Erfolg, ISBN 3-409-18726-X, 218 Seiten, 48,– DM

- ❏ W. Saaman/K. Bredemeier/A. Eckstein/K. Hildebrandt (Hrsg.): Führungspower – Konzepte für mehr Effizienz, ISBN 3-409-18724-3, 174 Seiten, 48,– DM

- ❏ K.-O. Sünnemann/S. Oefner-Py/J. Mees/H. Loddenkemper: Sinn-Management – Mehr Effizienz durch Zusammenwirken, ISBN 3-409-18739-1, 174 Seiten, 48,– DM

MIX
Papier aus verantwortungsvollen Quellen
Paper from responsible sources
FSC® C105338

If you have any concerns about our products, you can contact us on
ProductSafety@springernature.com

In case Publisher is established outside the EU, the EU authorized representative is:
Springer Nature Customer Service Center GmbH
Europaplatz 3, 69115 Heidelberg, Germany

Printed by Libri Plureos GmbH
in Hamburg, Germany